《达菲尔在阿坝》
编委会名单

达菲尔在阿坝

[德] 艾伯特·达菲尔 著

杜轶伦 译

红音 张文珺 校订

图书在版编目（CIP）数据

达菲尔在阿坝 / （德）艾伯特·达菲尔著 ；杜轶伦
译．—成都：四川大学出版社，2023.9
ISBN 978-7-5690-6353-0

Ⅰ．①达… Ⅱ．①艾… ②杜… Ⅲ．①游记—阿坝藏
族羌族自治州 Ⅳ．① K928.971.2

中国国家版本馆 CIP 数据核字（2023）第 183173 号

书　　名：达菲尔在阿坝
　　　　　Tafel zai Aba
著　　者：[德]艾伯特·达菲尔
译　　者：杜轶伦
校　　订：红　音　张文珺
- -
选题策划：杨岳峰
责任编辑：梁　明
责任校对：李　耕
装帧设计：胜翔设计
责任印制：王　炜
- -
出版发行：四川大学出版社有限责任公司
　　　　　地址：成都市一环路南一段 24 号（610065）
　　　　　电话：（028）85408311（发行部）、85400276（总编室）
　　　　　电子邮箱：scupress@vip.163.com
　　　　　网址：https://press.scu.edu.cn
印前制作：四川胜翔数码印务设计有限公司
印刷装订：成都金阳印务有限责任公司
- -
成品尺寸：165mm×240mm
印　　张：12.25
插　　页：2
字　　数：199 千字
- -
版　　次：2023 年 9 月 第 1 版
印　　次：2023 年 9 月 第 1 次印刷
定　　价：58.00 元
- -

扫码获取数字资源

四川大学出版社
微信公众号

序言

2022年5月，正是古都西安一年中春意最浓的时节，轶伦博士送来译著《达菲尔在阿坝》的书稿，请我撰写序言。我既与轶伦有师生之谊，又正在从事相关西文史地文献的译介与研究工作，因此欣然应允。

2010年，轶伦自西安外国语大学德语系德语专业本科毕业，2011年考入陕西师范大学西北历史环境与经济社会发展研究院，攻读历史地理专业硕士学位。作为指导教师，我认为应当充分发挥他德语功底过硬的优势，将历史地理与中西交流史结合起来研究，以期在历史地理专题研究方面有所创新和拓展。这一时期，我正在推进有关近代西方人来华活动相关历史地理文献的译介和研究，出版了《穿越神秘的陕西》（三秦出版社，2009年）、《穿越陕甘》（上海科学技术文献出版社，2010年）、《我为景教碑在中国的历险》（上海科学技术文献出版社，2011年）等译著，深感此类西文行纪具有极高的史料价值，而对近代来华的外国探险家、考察队及其活动的研究则有助于推动历史地理、区域史、中西交流史、科技史等众多领域的深化。2011年，我获批主持国家社科基金项目"近代西方人在西北内陆地区的科学考察活动及其影响研究"，其有力地推动了我们团队整理、翻译近代西北内陆地区相关西文史料的工作。为将课题研究与人才培养有效结合，我在指导轶伦参与该项目及"19—20世纪西北地区天主教与基督教传播的历史地理研究""近代西方人在西安的活动及其影响研究（1840—1949）"等课题研究的同时，建议他关注近代来华德国探险家群体的问题，并选择其中具有代表性的探险家、考察队为研究对象，以德文行纪为主体资料，结合中文史志，开展针对性的探究。

在搜集相关德文史料、总结研究现状的基础上，轶伦选择了清末德国探险家达菲尔（又被称作"达斐尔"或"台飞"）在我国西部的活动为研究对象，开始了硕士学位论文的撰述。正是由于具备了良好的德文史料阅读、分析的能力，加之经过历史地理学研究方法、理论的系统训练，轶伦在此项专题研究中展现出了突出的科研能力，在将历史地理与中西交流史两大研究领域相互结合方面进行了可贵的探索与尝试。2012年夏季，轶伦利用赴德国爱尔福特大学暑期文化研修班学习的机会，在开阔学术视野的同时，集中搜集了有关达菲尔的德文文献，对达菲尔来华考察的动机与背景也有了更深一层的认识。2014年，轶伦的学位论文《1905至1908年台飞考察队在青藏地区考察活动的初步研究》顺利通过答辩，获得了中国史专业历史地理方向的硕士学位。为继续推进有关近代中德交流史的研究，2015年，轶伦考入北京师范大学历史学院世界史专业德国近现代史方向攻读博士学位。

在博士论文的选题方面，为了响应国家提出的"一带一路"倡议，轶伦在导师孙立新教授的指导下，选择了最早提出"丝绸之路"一词的德国地理学家李希霍芬及其所著《中国》为研究对象，向中德交流史领域的纵深推进。攻读博士学位期间，轶伦先后发表了《清末德国探险家台飞在中国西部考察活动及其地理意义》（《西藏大学学报·社会科学版》2018年第1期）、《德国地理学家李希霍芬对〈禹贡〉研究初探》（《中国历史地理论丛》2018年第2辑）等彰显出扎实学术功底的论文，表明将历史地理与中西交流史结合起来开展研究具有广阔的拓展空间。2019年，轶伦在顺利获得博士学位后，旋即进入西北工业大学马克思主义学院任教，在完成教学任务的同时，仍积极推进中德交流史、近代来华德国人群体等相关项目的研究。

无独有偶，就在我们团队竭力于整理和译介近代西方人在西北内陆地区各类活动相关西文史料的同一时期，本书审定者红音女士及其团队也在孜孜矻矻地整理和译介以川西为重点区域的青藏高原东南缘地区的英文行纪。当数年前分处川陕的两个团队不约而同地将目光投注到来华的德国探险家达菲尔身上时，就为现今这一译稿的合作整理埋下了伏笔。

红音女士在美国哥伦比亚大学、西南民族大学先后攻读硕士、博士学位，在工作之余，先后出版了《威尔逊在阿坝》（合作，四川民族出版社，2009年）、《伊莎贝拉在阿坝》（四川民族出版社，2011年）、《布鲁克在阿坝》（合作，西南交通大学出版社，2018年）等译著，这一系列西文史料整理工作为深入研究川西阿坝地区自然与人文景观变迁、中西交流史等提供了重要帮助。显而易见的是，分处两地、从未谋面的学者基于各自探研的民族学、历史地理学视角，均充分认识到西文史料是一种研究近代西北与西南内陆地区民族史、历史地理、区域史、科技史、中西交流史、环境史等多学科的基础文献，因而都乐于为艰苦的译介工作耗费心力，为宣传和推广乡土历史文化添砖加瓦。

2019年初冬时节，红音女士辗转联系到我，提议与杜轶伦博士合作完成德文版《达菲尔在阿坝》一书的汉译工作。对于这一嘉惠学林之举，牵线搭桥当属应有之义，我自然乐观其成。现今通读这一译稿可以看出，作为译者的轶伦与作为审定者的红音女士携手整理，无论是从语言能力，还是从学科角度看待，均属优势互补、强强联合。轶伦在撰写硕士学位论文期间已对德文版原著进行了初译，并从历史地理和中西交流史角度出发，对作者在西部地区的考察活动进行了细致研究，因而对原著内容十分熟悉，翻译起来可谓得心应手，进展顺利。审定者红音女士作为在阿坝出生、成长的知名藏族学者，既熟悉当地藏语方言，又长期研究嘉绒藏族历史、文化与习俗，且在海外负笈多年，英文功底深厚，学识兼通中西，足以为书稿中有关藏语地名、人名、官名以及其他专有名词的翻译可靠性保驾护航，且能从熟谙乡情的"本地人"的角度去核订有关乡土历史、民俗风情、宗教仪轨等细节的准确性，这些有利因素无疑有效促进了译稿对原著历史信息的真实还原。

众所周知，鸦片战争以后，随着西方列强侵略野心的不断膨胀，我国国门日渐洞开，沿海、沿江一带先后设立了众多的开埠港口和租借地，成为西方人在华活动的主要基地。大量欧美传教士、探险家、外交官、军人、商人、学者、教师、医生等，以及组织完善、装备精良的探险队、考察团纷纷从东部沿江前往西部内陆地区，从事开辟传教区域、考察商贸交通、窥探政经军情、踏勘古迹名胜、开展赈灾医疗等多种多样的活动，为其扩大在华影响、获取更大利益做准备。在此过程中，西方人留下了大量行纪、日记、书信、档案、调查报告等各类文献，成为现今研究近代中国历史的珍贵史料。四川省阿坝藏族羌族自治州位处四川、青海、甘肃交界地带，在清代后期至民国年间属于外国探险家、考察队的重要考察区域之一，欧美学者多有相关记述，对于现今了解这一区域一百多年来的自然地理状况、风土人情、名胜古迹、交通状况、民族交往等具有十分重要的参考价值。

德国探险家达菲尔所撰《我的藏地之旅》（Meine Tibetreise）就是其中的代表性著作之一。该书详细记述了1905—1908年达菲尔从汉口奔赴青藏高原，对今四川、青海、甘肃、内蒙古等地区进行长达900余天科学考察的过程。达菲尔此次考察旨在进行动植物标本采集、地图测绘、地质勘查、图片摄绘、气象观测等，形成了《我的藏地之旅》上下册、一套《地图集》和一部气象观测记录等考察成果，这些成果为当时欧美学界了解中国西部地区自然与人文状况提供了重要参考。

达菲尔此次考察具有活动区域广、行程路线独特、考察内容丰富等特点。达菲尔此行途经今湖北、陕西、山西、内蒙古、甘肃、青海、四川等省份，足迹遍及黄土高原、内蒙古高原、青藏高原等中国各具特点的地理区域，开展了标本采集、地图测绘、地质勘查等科学调查活动。特别值得一提的是，达菲尔接受了老师李希霍芬的建议，重点对黄河中游、上游河道进行了地质勘查，记述了黄河中上游地区的自然与人文地理状况，对考察途中的众多民族、各种宗教以及不同地区居民迥然相异的生产生活方式进行了比较分析。

我和团队在开展"近代西方人在西北内陆地区的科学考察活

动及其影响研究"课题期间，从青海省档案馆以及台北"中央研究院"近代史研究所保存的光绪三十至三十二年（1904—1906）涉外档案中，发现过达菲尔在今四川、青海、甘肃等地活动的身影与踪迹。在甘肃省洋务局和青海省西宁府、循化厅等官府往来公文中，达菲尔被官方称作"德国教士达菲尔""德员达斐尔"或"德国文员达菲尔"。但可惜的是，清代涉外档案记载较为简略，很难据以深究达菲尔的具体活动及其影响。而现在，杜轶伦博士与红音博士携手完成的这部达菲尔著作，为广大读者深入了解达菲尔在西部地区的活动及其所见、所闻、所思提供了便利条件。

关于该书的史料价值，轶伦在硕士论文中已从藏学、历史地理、中西交流史等角度进行了系统总结，充分肯定了达菲尔考察活动及其著作的学术意义与科学价值，在此不再赘述。需要补充的是，就现实意义而言，在当前国家大力开展中华民族交往交流交融史研究的背景下，该书的译介工作更凸显出时代价值。透过达菲尔的细腻笔触，我们能够看到川西北地区藏族、汉族、羌族、回族等多民族相互交往、交流、交融的生动场景。如第三章有关金川节庆风俗（包括庆祝农历新年）的记述，充满了细节描写，迄今读来仍能令人如临其境，不由得感叹达菲尔观察之细致、记述之周详，而此类情形真切反映了汉藏等多民族文化与习俗的相互融合。与此同时，达菲尔在书中所记的沿途各地有关城镇、村落、交通、寺宇、民居、服饰、饮食、节庆等丰富内容，可以为当今阿坝等地历史文化遗产传承、保护、开发与利用工作提供依据和参考，例如节庆习俗、宗教仪式的复原与演出，特色饮食的开发，民族服饰的复制与推广，松潘古城、碉楼与民居建筑的保护、利用与开发，以及方言与地名的传承与保护等。

平心而论，外文行纪的翻译难度很大，不仅需要译者具备高水平的外语汉译能力，而且需要熟悉特定区域的时代背景、地理环境与社会风俗。在当今普遍追求速度和效益的大环境下，学术译著往往质量参差不齐，尤其是在涉及近代以韦氏拼音或各地方言、民族语言等转写的地名、人名、官职名称时，极易译错，令读者阅读时往往不明就里，一头雾水。达菲尔在该书中采用了大量以藏语嘉绒方言等发音为基础拼写的地名、官名、人员称谓等专有名词，这虽然为从语言学、地名学等角度考察当地语言、文字、地名变迁提供了难得一见的材料，但也给翻译工作带来了巨大挑战。

　　令人感到欣喜的是，在杜轶伦博士的细致翻译和红音女士的精心审定下，该书采取了添加大量脚注的方式，对原著中出现的地名、官名、人员称谓、历史事件名称、行政区划名称等进行了考订和说明，详细解释了其藏语含义（藏语嘉绒方言记音）、汉文写法等，不仅便于研究者参考，也有助于读者加深理解。

　　毫无疑问，尽管呈现在读者面前的这本译著仅是达菲尔厚重原著的一部分，属于节译之作，但仍具有十分重要的史料价值，对于不熟悉德语的研究者而言功莫大焉，对于普通读者来说也能开阔眼界、获得新知。期待杜轶伦博士今后能在德语史地文献译介领域持续发力、更上一层楼，为中德文化交流事业添砖加瓦，也祝愿红音博士能在川西乡土历史文化沃土中不断深耕、收获丰硕，并将心得与成果分享给更多读者。

　　是为序。

史红帅

2022年5月3日，于陕西师范大学笃学斋

目录

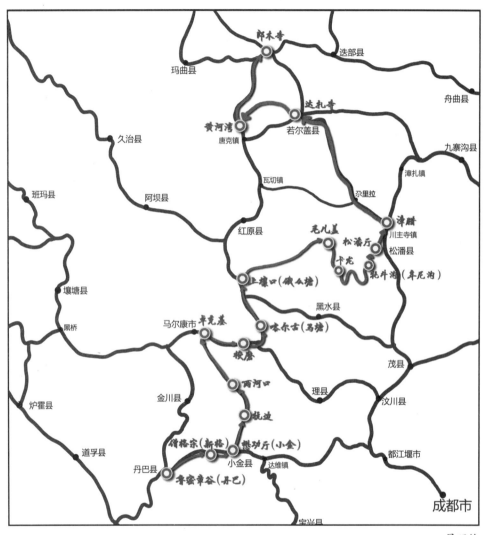

郎木寺

迭部县

玛曲县

舟曲县

久治县

九寨沟县

达扎寺

黄河湾

若尔盖县

漳扎镇

唐克镇

班玛县

瓦切镇

尕里拉

漳腊

阿坝县

川主寺镇

红原县

毛儿盖

松潘厅

松潘县

卡龙

壤塘县

上壤口(俄么塘)

桃斗沟(牟尼沟)

黑桥

黑水县

马尔康市

卓克基

咪尔古(马塘)

炉霍县

抚磨

茂县

丙河口

理县

桅边

汶川县

懋功厅(小金)

都江堰市

鲁密章谷(丹巴)

小金县

道孚县

丹巴县

达维镇

宝兴县

成都市

1907年达菲尔川西旅行线路

昌旺绘

郎木寺

迭部县

玛曲县

舟曲县

达扎寺

久治县

黄河湾

若尔盖县

唐克镇

九寨沟县

班玛县

瓦切镇

漳扎镇

阿坝县

尕里拉

漳腊

红原县

毛儿盖

川主寺镇

松潘厅

松潘县

牟尼

弓杠岭(雪山梁)

乾牛沟(牟尼沟)

壤塘县

黑水县

庆护

马尔康市

卓克基

色尔古(石镇)

黑水县

故卓

茂县

汶川

第一章

从鲁密章谷到懋功厅

我的翻译巴尔甲身着节日盛装（根据C. V. 哈伯林所绘油画拍摄）

6月12日（1907年），我到达鲁密章谷①（Romi Tsäanggu），这是一个坐落在大金川河边，由300多栋房屋组成的聚居点。金川（Tschin 'chuan）河在当地方言中被称为"穆雅更"②（mNiëngun），这里居住着许多汉人。除了甲拉王③（Dschagla König）的土百户（tu be hu），一位汉官太爷在这里也有自己的衙门。鲁密章谷既是这片区域内商贾云集之处，又是大炮山（Da po schan）峡谷与大金川河相遇之处，在这里，原本几乎与子午线平行的大金川河向东拐了一个小弯。我在这里看到许多藏人女孩和妇女，她们佩戴着贵重的银戒指和胸饰，盘绕在头上的黑色辫子上还有珊瑚饰品。这些藏人妇女一直给人以敦实的感觉，身体看起来很强壮。她们比站在她们周围并不高大的本地男人们要矮小一些。她们有着宽阔的脸庞和比较宽的骨架，其中很多女孩非常漂亮。她们的服装中最引人注目的是粗糙的深棕色百褶裙，那是她们自己用棕黑色的绵羊毛制作的，和罗罗（Lolo）妇女的裙子样式很像。

陡峭山坡上的藏式塔楼状房屋都有单独的院子，这些房屋环绕在拥挤的商店、客栈、衙门和单层的中式房屋周围。当地人使用的藏语与打

---

① 鲁密章谷，今甘孜藏族自治州丹巴县城（译者注）。

② 穆雅更，藏语嘉绒方言记音，意为"大河"（译者注）。

③ 甲拉王，指明正土司（译者注）。

巴底达若的房子（这种用石灰、牛奶刷成白色的小尖塔是金川房屋的标志之一）

箭炉和拉萨的藏语相似。这里气候非常温暖，海拔在1985米左右，随处可见野生扇叶棕榈。

如闷雷一般隆隆作响的大金川河对岸，是耸入云端的高山，黄色的山崖高大险峻。放眼望去，鲁密章谷周围看不到一处平坦的田地。藏人养的马、驴还有牛变得稀少，所有家畜都很矮小，尤其是马，它们最引人注意的特点是胸部狭小，骨架也不大。令人吃惊的是这里很多人都患有甲状腺肿大。

从鲁密章谷出发15分钟后，就可以看到一座雄伟的、横跨大金川河的竹索桥。向东距此两千米的地方，小金川河汇入波涛汹涌的大金川河。这座桥是由小金川河河谷前往鲁密章谷的必经之路。从两条河交汇处开始，人们称之为铜河，或者鱼通河（Yütung），源自鱼通部①，后来也被称为大渡河。

6月13日，我尝试沿大金川河溯源而上，但由于我的草原马在陡峭的山路上十分笨拙，因此不得不返回鲁密章谷，接下来我决定沿着所谓的"大路"前行，前往下一个有汉人官员的城镇，也就是懋功厅②（Mu gung ting）。这段路程只需要三天时间。从懋功厅开始，要越过

---

① 这个族群居住在大金川两岸鲁密章谷和瓦斯沟（Wa se kou）之间，也就是打箭炉河（Ta tsien lu Fluss）汇入铜河的地方，打箭炉的藏人称之为嘉绒姆曲（rDyarong mutschü）。鱼通（藏语：Godong）有着自己的世袭首领，他们说的语言金川人也听不懂，只有鱼通的邻居，位于章谷上游的巴旺（Bawang）的语言与鱼通相似。鱼通的居民是农民，有可能和宁远府（Ning Yüan fu。今西昌地区——译者注）的罗罗人有亲缘关系，后者的语言与藏语有一定的亲缘关系。每年中国农历十一月他们都会举行盛大的全民集会，那个时候他们会在所有的山上点起火把并大声呼喊。这个节日是为纪念这片土地摆脱了一个恐怖蛇神的统治。据当地人所说，远古时代在他们所居之处的附近有一个洞穴，洞穴里面有一条大蛇，每年他们都必须用一个活人来献祭。按照次序，每个家庭都必须献出一名成员。后来这样的命运降临到一个铁匠头上，他将一大块炽热的铁扔进了大洞里，大蛇迅速扑向了这块铁并将其吞下，紧接着便燃烧起来。相关故事的石画可以在河岸不远处看到。鱼通的邻居们惊讶于鱼通人特别的载物方式——他们背的东西重达100磅，用一根带子缠在头上进行固定。在河流的左岸、靠南的地方是冷边（Leng pien）和沈边（Schen pien）土司。

② 懋功厅，今小金县城（译者注）。

大金川河上的竹索桥

大金川河上游附近的高山，但道路没有一点危险。在渡过鲁密章谷附近的竹索桥时，我对竹索桥产生了极大的兴趣，这简直是技术的奇迹，我的驮畜和骡马耗费了比平时更多的时间才得以通过。几十年前，汉人选择了一处河水流入一条50米深的岩石沟的地方来建造这座桥。竹索桥高悬在泛起朵朵浪花的河面上，长度为122步（大约100米），整座桥没有使用钢材，11条由竹子编成的细长竹绳索连通了河的两岸。竹绳索两边被牢牢地固定在小屋的木桩上。每条竹绳索先要绑在一个垂直的滚轮上，然后才被固定在木桩上。人们根据实际需要和气温，通过滚轮来调节竹绳索的松紧。竹索桥的通行宽度是1.2米。为了不让竹绳索承担太重的压力，两段又长又薄的木板构成了桥面上的通道。这些木板被细细的皮条固定在竹绳索之上，皮条之间相距不到一米，其作用是将整体的压力分散到每一根竹绳索上。

在踏上竹索桥之前，所有马匹和骡子驮运的行李都必须卸下来。桥头的守卫让牲畜一个一个地通行，行李单独运送通过。我的很多马匹都在狭长的木板上滑倒，挣扎着在来回摆动幅度极大的桥上行进。每一阵微风吹来竹索桥都会晃动。尽管有滚轮和绞盘，但竹绳索从未被完全均匀地拉紧，所以竹索桥呈弯曲的形状。很显然，桥头的守卫已经对这类马匹摔倒的突发事件习以为常，他们不假思索，利索地拿起桥上别处的木板，插到摔倒牲畜的腹部下方，让它们可以借助两个人的力量重新站起来。尽管我们都很谨慎，桥头的守卫和他的助手也都在两个位置手脚并用地稳住绳索来减少桥的晃动，但在牲畜过桥的时候，竹索桥侧面还

鲁密章谷附近大金川河上的竹索桥

是会有超过三分之一米的大幅度晃动。在刚上桥的时候，我就发现11根竹绳索中有一根已经腐烂，断裂之后向下垂着，只剩下10根竹绳索连接河两岸，这让我感到异常紧张。我的15头驮畜需要2小时45分钟才能全部到达河对岸。于是我们就要完全占据竹索桥较长的时间，不过期间也有几个行人从桥上经过。守卫十分注意对竹索桥的保护，除了他自己以外，不会同时让多于四个人或者两个人带一匹没有行李的马上桥。守卫担任的并不是闲职，他要注意竹绳索的松紧程度，还要在他人过桥时提供帮助。我们过桥时，有一位五十多岁的人也要过桥，当他看到湍急的河水和两岸白色的岩石时，顿感头晕目眩。他眯着眼睛紧紧抓住守卫，任由守卫拖着他缓缓前行。每走十步他都要停顿很长时间，他的移动也引起了桥面水平和垂直的晃动。

　　我几乎可以确定，沿着小金川河向上游的大路上的桥梁，基本都是竹索桥样式。沿途的风景壮阔而美丽。两侧因地质侵蚀作用而形成的山谷、山峰、山崖，与树木一起，仿佛一面面高大的墙体向上延伸，几乎直达天际，像是要在这里把我们吞噬。小山谷、房屋和小片耕地交替出现。一些村庄坐落在靠近山巅的陡峭山坡上，其中有大量碉（tiao），

小金川河谷明正和赞拉交界处，距岳扎不远的古碉

也就是石塔楼，是当地人与清兵漫长战争的产物。这里的台阶不计其数，走在无数充满浪漫气息的石阶和桥梁上十分耗费精力，但同时也在第一天的行程中带给我们一些兴奋感。

第二天我们离开岳扎①（Yo ts'a）之后，来到了一段沿着大河而建的栈道上。持续不断的大雨导致大河猛涨，河水奔腾汹涌。栈道位于大河之上30～50米。在这里发生了一起悲剧。当我们一半的驮畜走到最困难的路段时，一些腐烂的木梁断裂了。这导致一匹马不幸随着一些石头坠落山崖，掉入大河中。这匹马背上驮着我花了好几个星期搜集到的植物标本。我不止一次看到马头出现在混浊的漩涡中，但随后河水还是永远地将它和它驮载的行李吞没了。在悲剧发生后，我忙得不可开交，总算没有发生其他意外。有着长达几百米台阶的栈道桥紧贴着下垂的岩石向远方延伸，落在后面的驮畜不停地向它们前面和最前面的驮畜挤去，想要越过那些比较大的裂缝。我们费了好大的精力，才成功地保住行李不再减少。尽管道路狭窄，好在驮畜们并没有出现往回走的情况。

---

① 岳扎，今甘孜州丹巴县岳扎（译者注）。

鲁密章谷和新街子之间的大道

然后，我们终于可以前往下一个村落购买我们所需要的厚木板并雇佣仆人。

我的旅行在当地引起了很大的轰动，因为这里很少有带着马匹和驮畜旅行的人。小型货物运输通常是由汉人苦力完成，他们将货物摞起来扛在肩上；稍大一些的货物是利用看起来很灵活的扁担来运输的，就像在内地地势较低的地区，比如湖北。这里通常只会出现单独的行脚商人和专门从事某些贸易的小贩，他们从内地的一些特定地区赶来，几乎遍布西部的边远地区。

在鲁密章谷，我放弃了向衙门索要"乌拉"①（Ula）的机会，作为外国人，我认为要求这种权利是不正确的。但不久之后旅途中的困难越来越多，让我有些后悔没有考虑周全。整个道路的路况很差，同时我发现要么同意出高价，要么同意只走很短的距离，否则没法雇佣到新的劳力。由于经历了太多的意外，以致我只能在日记中将那些没有发生较大意外的日期特别勾画出来。我几乎买不到牲畜所需的草料，只能给牲畜喂食精细的玉米面，这导致了它的肠胃绞痛。6月16日我们就因此损失了一匹马，另外两头患病的牲畜则侥幸被治好了。

（6月）16日夜到17日，一场特大暴雨席卷了整个山谷，在两侧的高山之间，轰鸣的雷声似乎永不停歇，四面八方都出现了洪水。1个小时之内水位就上涨了1.5米。我借宿在路边一户汉人的家中。当地居民点燃香烛插在门框上，在雷声间歇的时候点燃爆竹，噼里啪啦的声音一直没有间断，同时他们向门外大喊着"玉皇爷"（Yü hwang ye）的名字。

（6月）17日早晨，我们刚刚走了两千米的路，小金川河混浊的波涛就无情地将道路截断了。山谷下方紧贴着谷壁的道路被1.5米高的水浪反复冲刷着。我们的向导尝试克服大水带来的障碍，但他险些和一匹马一道被洪水冲走。我们只能等待河水自行退去。由于在上一个住宿的地方没有买到更多的草料，所以我将辎重放在河边的一个帐篷里，然后

---

① 乌拉，意为无偿劳役（译者注）。

派斯古鲁和达尔吉两人带着没有负重的驮畜，前往两天前曾路过的曲登萨寺①（Tschortensa gomba）。

6月18日，尽管在等待期间天气开始好转，正午时，温度计显示有34℃，但是水位还在不停上涨。下午当我再去观察水位浮标的时候，看到两个苦力的尸体在很短的时间内先后出现在水面上。两具被泡肿的尸体在水面上回旋，然后冲向下游，这两具不幸者的遗体任水流摆布，一会儿卡在正在生长的树桩之间，一会儿又撞向河中的岩石。

（6月）19日，水位终于下降了4英尺②。我带回15个汉人来搬运行李。在一些比较危险、地势较高的地方，苦力们会在身上系上绳索，以避免发生大的意外。走了2千米以后我们到达了大新桥（Dä hsin kiao），在这里我对大部分苦力进行了替换。斯古鲁和达尔吉也幸运地带着驮畜与我们汇合。

小金川河岸边的曲登萨寺

小庙里供奉着守护神（小金川）

① 曲登萨寺，今甘孜州丹巴县境内（译者注）。

② 1英尺＝0.3048米。

小金川河上的悬臂桥

行进了3千米之后，我们又遇到了新的困难，之前没有人告诉过我会碰到这类问题。泥石流覆盖了道路，还漫延到了谷底的田地中，此处完全无法通行，以致众多骡马每移动一步，整条腿都会陷到泥潭中。我只好将一些树木铺在泥石流上，好让驮畜可以继续前进。在河边，因为有很多石头，通行情况变得好了一些。巴尔甲试图领着我最好的康区马经过那里，突然间这匹马陷入一片松软的土地中并越陷越深。我们拼尽全力才把处于半窒息状态的马救出来，但15分钟之后它还是死了。

我们从拂晓开始忙碌，于下午4点10分才走到了一小段干燥的道路上，这段路有两英尺宽。大新桥的苦力要求支付他们的薪酬，因为他们要吃饭，而且接下来的道路也不会碰到什么问题了。然而才继续走了几百步，我们就发现在一个小山谷里大雨冲毁了道路，行人只有手脚并用才能攀爬过去。带着众多骡马的我无助地望着眼前让人困扰的景象，疲惫的驮畜载着行李趴在狭窄的小道上和近处的农田中。天黑时分才有人带着钩子、木板和斧头来对官道进行维修，直到深夜我们一行才到达了僧格宗①（Senggersung）。这一天15个小时的行程我们只走了9千米。

僧格宗的海拔为2200米。从这里开始，接下来的路程就没有太多的问题了。这条山谷比较开阔，谷底更为平坦。附近山脉的倾角也减小了很多。山谷旁边是黏土页岩山脉，岩层构造比较陡峭，像青藏高原北部和中部一样，以北偏西65度向远方延伸。

在僧格宗的客栈中，鲁密章谷衙门派给我的护卫再次出现了。他们安静地躺在木板床上吸着大烟，就像他们在三天前所做的那样。如果他们不是从悬臂桥离我而去，那他们真的能为我做好多事情。

僧格宗距离懋功厅60里，后者是整个金川地区最重要的城市。如果没有意外的话，我们应该可以在6月20日花上几个小时到达。从鲁密章谷到僧格宗花费了6天时间，损失了3头牲畜，这段路程按照中国的距离单位计算，应该是120里②。

我们又经过一座有些腐朽的、弯曲的悬臂桥，再经过一道狭窄的、有河水流过的岩石沟，然后在河左岸向高处前进100多米，登上一片海拔不高但是有些陡峭的台地，到达新街子③（Xsin gai tse），也就是懋功厅的郊区，那里是一个集市。新街子大概有6000到7000名居民，还达不到修筑城墙的程度，作为居民点这里还很新，"新街子"是新的小市场街道的意思，汉人来到这里居住的时间还不太长，只有100多年。当地人称这里为美诺（meino，或者：meno），新街子之前就已经扮演着重要的角色。向东前行8分钟的路程，可以看到环境发生了明显的变化，那里就是懋功厅衙门所在。整个小金川河和大金川河河谷地区的管理机构懋功厅的政府驻地就在那里。其坐落在一处多岩石的山脊之

---

① 僧格宗，今阿坝州小金县新格（译者注）。

② 甚至按我的地图计算只有35千米。在四川西部，我发现大部分情况下1里约等于0.4千米。

③ 新街子，今阿坝州小金县县城附近（译者注）。

上，地势较高，还有几所房子和一间为这一地区重要人物守备（schu be）和千总（tsien tsung）准备的馆驿。从这里向四下望去，可以看到山谷深处的情况，东边是营盘街，是这一地区最高军事指挥衙门的驻地，向与僧格宗相反的方向望去，可以看到营盘山谷沿着水流向地势较高（向南）的地方延伸的道路，这条道路通往土司（Tu se）或者杰布（rgyalbo。藏语：Dschumba）所在地，他是当地的王，在当地贵族之中，他得到了朝廷的最高封号。他的领地受到了清兵最猛烈、最全面的攻击，他自己也成了"无地的约翰王"。

从懋功厅高处眺望营盘街

这里有着肥沃的土地，在新街子、懋功和营盘有大量汉人定居，统治中心也迁移到了这里。四下里没有哪个地方像这里一样居住着如此多的人。自从我离开霍尔甘孜（Hor gantse），就没有见过如此之多紧密排列的田地。两边的山壁紧紧地夹住了河道，高出水面50到100米，山谷扩展到台地之上，那里种植着大量庄稼，特别是玉米和小麦、豆类和荞麦。[1]

懋功厅同知［知府的副职，俗名二府（ör fu）］是所谓的"苗子"（Miao tse）地区的主管和法官，经过1747—1749年，特别是1771—1776年具有决定性和转折性的声势浩大的战争，清廷统治者乾隆（Kien lung）征服了这片土地，将其纳入了官府的行政管理体系之中，并打开了人口迁徙的大门。[2]懋功厅的管辖范围很大，不仅仅包括小金川河谷［高地藏语[3]：赞拉（btsanlha）。汉语：小金（hsiao kin），金川（tschin tschuan）］，也就是从鲁密章谷到木

金川巴底的茶罐（郭泽《西藏东部流行的青铜器》）

---

[1] 玉米是当地居民的主要口粮。在我造访这里的时候，1斤（Cättie）=600克，按照当时的市价，是7芬尼（Pfennig），而在打箭炉1斤需要支付25芬尼，并且，打箭炉物价在此基础之上还持续不断地上涨。当然，在打箭炉，几乎所有的食品都是来自地势较低的地区，有些需要靠人力从雅州府（Ya Tschou fu）那边背过来。

[2] 据冯秉正（Joseph de Mailla，1669—1748）的《中国通史》（Histoire Generale de La Chine）第11卷第589页记载，懋功厅的藏人被错误地划到了"苗子"（Miao tse）之中，所以我们发现他们的战争史在很多新的历史学著作中被放到了"苗子战争"的条目下。冯秉正只叙述了其在1774—1776这个时间段的历史和最后在北京的结局。

[3] 高地藏语，指藏语安多方言（译者注）。

城〔Mu tsch'eng。藏语：松多（Sumdo）〕——根据我的旅程计算，两地之间有133千米，而且还包括从鲁密章谷开始的大金川河上游地区，也就是过去的然旦（Rardan）部〔当地人称之为嘉绒（rDyarong，rgyarong）①，高地藏语：促浸（Tschü tschen），意为大水。汉语：大金川和绥靖（Hsü tsching）〕。在17世纪，大金川上游河道较窄的河谷两岸，从鲁密章谷沿河而上50千米左右，出现了一个由当地人组成的、在这一地区最强大的政权，但是不久之后就失败了，因为伟大的清廷统治者乾隆组建了一支颇具战斗力的军队来进行征服，并将他最精锐的部队和将领从遥远的东北派遣到了这里。

---

① 大金川实为嘉绒之一部（译者注）。

郎木寺

迭部县

玛曲县

舟曲县

达扎寺

黄河湾 若尔盖县

九寨沟

久治县 唐克镇

漳扎镇

瓦切镇

尕里拉

班玛县 阿坝县

导腊

川主寺镇

红原县

弓儿县 松潘县

松潘厅

卡龙

壤塘县

龙牛尚（牟尼沟）

红鹰口（鹧鸪塘）

黑水县

黑桥

马尔康市 卓克基

松岗（马塘）

茂县

理县

金川县

汶川县

第二章

穿越金川地区

新街子　　　　　　懋功厅　　　　　营盘街

大金川河的然旦与汉人的社会文化发展其实一直以来并无太多纠葛，如果不是那里的首领在清朝军队进攻时草率行动，以及抢掠周围邻居的土地，令其怨声载道，以致这些邻居们不停地上书求助皇帝，并在清军进攻时鼎力相助，然旦本可以很容易地存续到现在。清王朝专题性史书《圣武记》中用大量篇幅记载了清朝军队与骄傲的大金川兵交战的情形。第二场有着决定性意义的战斗被译成了满文，并印刷了120册。①我了解到的是我所在的金川从隋朝（581—618）开始就建立了金川县，接下来唐朝时期这里是现在并不存在的维州②所辖的地界，在明代是由杂谷（Ts'a kou）、理番府③（Li fan fu）的官员管辖。我推测，之前朝廷对于金川的管理一直仅限于宽松的经贸往来，一方

---

① 海尼士（Erich Haenisch）刚好从中节选了一大段内容，并在不久之前出版。多亏了他，我能够知晓确切的日期，并对这个地区的这段历史进行复核。

② 根据佩福来（M. H. Playfair, 1850—1917）的《中国的城市与乡村》（*Cities and town of China*），这个行政区在岷川（Min tschwan）西北，岷（Min）这个行政区与位于灌县（Kwan hsien）上游、今天的茂州（Mao tschou）相距不远。可能与原来的维州（Wei tschou）和今天理番河（Li fan-Fluss）汇入岷河（Min ho）处的商贸城市威州（Wei tschou）是一个地方，后者在汶川（Wen tschwan）的管辖范围内（威州指今汶川县城，汶川指今绵虒——译者注）。

③ 理番府以及杂谷是懋功厅北边最近的边区行政机构，与理番府相连的是茂州，茂州与松潘厅相连。

面，可能汉人需要来到这个地区购买药材，另一方面，本地人需要与汉人交换大米、茶叶和一些其他的奢侈物品。这一地区的所有首领，像库库诺尔①（Kuku nor）地区的首领一样，在明朝洪武时期就接受了中央王朝的印信和头衔，清王朝沿袭了这一惯例。1650年，赞拉（Tsanla）首领归附朝廷，并成为整个金川的土司。1666年，嘉勒巴杰布（Kia lo ba，rgyalbo）得到康熙皇帝（Kang hi）册封，成为金川的统治者。这一地区的政权，就像西边相邻的霍尔等地一样，是世袭的。他们有着相似的方言（金川话或者嘉绒话）。这个地区在时间的长河中分裂成了9个土司或是小王国②，在嘉勒巴统治期间，然旦达到了最鼎盛时期，政权强大，人口数量最多。第二大的政权是赞拉，也就是小金川，在僧格宗附近和现在的懋功、新街子附近都筑有首领的宫殿"颇章"③（Powrang），曾在短时期内强大，到1723年领地达到了最大，还曾管

---

① 库库诺尔，蒙古语音译，指青海湖，后文中直接翻译为青海湖（译者注）。

② 藏人称嘉绒十八部 [rdyarong dyalkak dyurdyi（=rgyarong rgyalkak btschobrgye）]，为18个嘉绒政权。贝德禄（Edward Colborne Baber）在其著作《中国西部的旅行与研究》第81页和93页脚注中对这片地区进行了迄今为止最为深入的论述，尽管他只是从这个地区路过。他介绍了所遇到的18个部族，搜集到了很多不同的信息：甲拉Dji-la= 明正Ming-cheng；穆坪Mu-p'ing= 金巴Djum-ba；杂谷，嘉卡Djia-k'a；沃日Wo-je 或者Go-je；然旦Rapten包括赞拉Tsen-la；党坝Tam-ba=Tang-pa；梭磨So-mung，就是吉尔上尉（Capt. Gill）所说的梭磨Su-mu；Djiu-tse，我认为是卓克基或者黑水（Tschoktsi，Kretschiu）；松岗Zur-ga，很有可能是Sung-kang和吉尔笔下的Ru-kan；绰斯甲Tchro-shiop毫无疑问是绰斯甲布Ch'o-ssu-chia-pu；巴旺Pa-ung或者Pa-wang；巴底Tchra-tin；革布什咱Gé-shie；麻书Ma-zu或者Ma-ze；孔萨Kung-sar；白利Pé-ré，我认为是Beri；恰让郭Tchran go；德格Djé-gu，我认为是Dergi。上面提到的绝大部分名称我都轻松地找到了相对应的族群。

③ 颇章，意为宫殿，指官寨（译者注）。

懋功厅上方的山路和峡谷（左侧向抚边，右侧向灌县）

辖了大金川。①

这片地区的所有山谷都矗立着用石头修筑、有碉楼作为装饰的城堡"宗"②（Dsong），它们坐落在难以通行的高山上，向下可以起到威慑作用。所有宽阔山谷的狭窄处和所有边界地区的道路上都会修筑壕沟、围墙和大量又细又高的石碉，用于封锁。因为有了碉楼，有了人工修筑和自然形成的要塞，一个特别骄傲的群体在这里成长起来。直到今天，大金川先辈们的荣耀和骄傲仍然留存在民众的记忆中。出于对自己族群人口数量的信任——可能当时这一地区有着大量的人口，因为这里普遍还是本波信仰，而不是宣扬独身不娶妻的格鲁派信仰，大金川人试图统治其他所有土司。在征服较小的巴底（Brasdi）和巴旺（Bawang）的过程中并没有爆发太大的战役，也没有太大的死伤。势力更强一些的土司并不想臣服于大金川，他们向中央王朝求援，后者尊崇着古老的信条"分而治之"，不会允许在这一地区出现一个统一而强大的政权，所以开始支持那些大金川的敌人。

根据历史学家的记载，战争是这样开始的：1746年，大金川然旦王（Rardan-König）莎罗奔（Schalben）进攻小金川赞拉，当时赞拉王是泽旺（Tsewang）。之后，在1747年莎罗奔夺取了部分革布什咱和明正的土地。当时，自从进驻拉萨之后，中央王朝在泰宁（Tai ning）建立了一支守卫部队用于维持地区稳定。莎罗奔并未有所顾忌而回头，因

---

① 第三强的是绰斯甲布（Tschoskiab），在大金川河谷上游，我在183页提到过其与西边的邻居霍尔人一直有很多纠纷，现在是这个地区最强大的统治者。与绰斯甲布接壤的是小党坝杰布（Damba）、松岗［Sungkak，或者Rung（Sung）kang］，再往上是卓克基（Tschoktsi）和梭磨（Somo）。位于大金川河谷下游的是巴底（Bá ti, Brasdi），然后是巴旺（Bawang），向西的一条长长的侧谷中是革布什咱（rGechitsa, rGebschisrtsas）。这片地区其他的杰布在乾隆时期对于大金川的傲慢十分不满，他们随同清军一同与大金川开战，因此直到今天他们还依旧保持着自己的统治，他们是沃日（Woksche, Wokdsche）、瓦寺（Wa se）、穆坪（Mu ping）、打箭炉的甲拉（Dschagla, 明正Ming tscheng）和鲁密章谷。瓦寺土司位于懋功厅至灌县的必经之路上，今天已经非常汉化。

② 宗，藏语音译，意为城堡（译者注）。

此，逐渐有4万旗人及绿营兵被调派到这里展开对莎罗奔的军事行动，但却是徒劳的，清军屡屡受挫，一位清朝王子和一位经验丰富的指挥官因此被派来参与这次军事行动。公爵讷亲（Na tschin）被迫用自己先祖的剑自刎，川陕总督张广泗（Tschang kwang se）在北京被处死。曾在1720年进驻拉萨的将军岳钟琪，当时从大金川北边的卓克基向南推进，对大金川进行了劝降。在此基础上，虽然损失了大量士兵，但皇帝在1749年同意，如果大金川能够放弃所占领的周围友邻的土地，可以在一定程度上达成和平状态。大金川的城堡以及整个政权得以完整地保留下来。

1756年，大金川介入霍尔地区孔萨（Kungsar）和麻书（Mazar）家族之间的贸易争端。大金川与绰斯甲布一道站在麻书一边，同时革布什咱、德格、瞻对（Tschan tui）诸首领和孔萨相互结亲，相互支援。在冲突中，大金川和绰斯甲布一道攻击了革布什咱的大本营丹东（Damdung），之后明正土司也进行了干预。在西边，德格攻占了麻书的城堡，麻书逃往瞻对。不久，朝廷成功通过斡旋恢复了和平，各土司所辖领地范围也恢复到了战前的状态。

1759年，大金川和革布什咱因为联姻再一次产生了矛盾。就像巴底和巴旺一样，力量较弱的革布什咱很快被大金川完全征服。大金川当时的首领是莎罗奔的侄子郎卡（Langka）。朝廷将杂谷、卓克基、绰斯甲布、党坝联合到了一起，从北

大金川的牛皮船

面对大金川构成了威慑。穆坪、赞拉和明正从南面展开进攻，在一年之内使革布什咱解困。

1771年，大金川郎卡之子索诺木（Sonam，bSodnams）说服了小金川泽旺之子僧格桑（Senggisang），双方联合夺取了他们东边邻居沃日的土地。索诺木自己尝试再次占领革布什咱和当时属于明正的鲁密章谷。皇帝认为四川总督需要对这起背叛事件负责，并将其赐死。紧接着皇帝在1772年派遣两位将军，其中一位从灌县出发，经沃日，攻破小金川，僧格桑被迫逃往大金川。僧格桑引发了这场战争，却忘了老首领泽旺，后者作为囚犯被押解到北京（南面的第二支部队在这一年也遭遇大败，几乎在战斗中损失3000人）。[①]在占领小金川之后，清廷处在抉择之中，无法决定是否应该继续与大金川的战斗。21岁的大金川首领索诺木再次对小金川人进行了煽动，后者袭击了清军一部。这部分清军人数在2万左右（并未计算运送粮食的苦力），他们自灌县集结，驻扎在小金川的交通要道木果木（Mu gu mu），结果超过3000人阵亡，剩下的人四处逃散。皇帝因此在北京的某条街上凌迟泽旺，并派遣阿桂（Akuei）和来自吉林、配有最新式火器的精锐部队入川。北路军从梭磨、卓克基、绰斯甲布出发，和这三个土司的士兵一起行动；东路军从灌县与瓦寺、沃日一道向小金川进攻；最后是南路军，清军与明正和革布什咱的军队一道攻击河西岸。尽管清军以极快的速度重新夺回了小金川，但是接下来进展十分缓慢，他们不得不一座碉楼接着一座碉楼、一座城堡接着一座城堡地进行争夺。清军在所有的地方都遭到了最顽强的抵抗，指挥官的报告中提到，当地人在山的另一侧建造了300多座碉楼，如果想进一步深入山谷，就必须攻占所有的碉楼。其中大金川最重要的城堡是嘎勒嘎（Gelengge）、勒乌围（Leu，Lewu，Le wu wei）和刮耳崖［Ka ör ya。满语：Garai。藏语称作Guar nge。即现在的崇化（Tsung hoa），或者至少在崇化附近］。看起来战争要一直持续下

---

① 作者有关此次金川之役的表述与史实多有出入，据阿坝史志资料，泽旺在清军攻破小金川时即被俘杀，郎卡病故后由索诺木袭职，僧格桑为索诺木鸩杀。

1775年阿桂将军率领清军攻占了昆色尔山（大金川）上的碉楼（这幅图是当时的铜版画。原版已损坏，现存于柏林人类学博物馆。原尺寸：88厘米×51厘米）

去，直到清朝军队和他们的藏人援军能够接近这三个主要的城堡。当一处防备森严的堡垒被占领后，在山下就会遇到一个新的。嘎勒嘎在1775年5月被攻陷，勒乌围在1775年8月15日深夜被清军的大炮摧毁。①但是反抗并没有丝毫减弱的迹象。报告中提到，在攻占两处城堡（即嘎勒嘎和勒乌围）之前，还需要依次占领20多个城堡，作为大金川的大本营，南边的刮耳崖在1775年农历十二月十七日被清军包围。在这之后，还有很多大金川防守坚固的城堡被清军攻破，包括大金川与巴底交界的马尔

① 根据冯秉正《中国通史》的记录，由于山路崎岖狭窄，将军阿桂下令让大量的苦力搬来铁块和铜块，现场铸造大炮。直到19世纪中叶，中国人在众多山地战役和对付地方反抗的时候都保持着这样的作战方式。

邦（Marbang），清军的各路官军在刮耳崖汇合。最终在乾隆四十一年（1776年）二月四日，前线向皇帝奏报，刮耳崖已经被清军攻下。在超过40多天的围困之后，索诺木再也无法坚持下去，郎卡和僧格桑在此期间已经死去。粮食已经耗尽，水源也被切断，最后，索诺木连同他的兄弟和妻子共2000多人投降，大金川就此灭亡。据《圣武记》记载，向皇帝上报的加急信只用了8天时间就送到了京城。同样根据《圣武记》记载，这场战争花费了7000万两白银，比平定准噶尔（Dsungarei）和前些年平定回部花费的两倍还多。

大金川的世袭和小金川一样被连根铲除。马尔邦靠近巴底的边界，崇化（即曾经的刮耳崖）附近有600户汉人居住，继续向北是雍仲拉顶〔拉顶（Lhasding）。雍仲拉顶（Yung dschung lha sden），又名广法寺（Kwan hoa se）〕的一个集市，有30户汉人，德斯泽（Dschietse）有40户汉人，金川〔又名靖化，阿尔古（Ngargu）〕有1000户汉人，这些今天依然十分繁荣的居民点由两位太爷（政府官员，一位驻崇化，一位驻金川）管辖，而附近的小山谷是由十几位可世袭的本地人当官，即所谓的达若①（Darro。汉语：守备，意为上尉或者千户；千总，或者说百户，相当于少尉）和琼若〔Tschungro。可世袭的军官。汉语为寨首（tsch'ai schu）〕，这些官职在设立时接收了一部分剩下的金川人，让他们可以延续曾经光荣而今没落的历史。②那些地方居住着约2500户汉人和差不多数量的藏人。过去可能有6000到7000户藏人居住在那里，其中士兵的数量很难超过10000人，在小金川也是如此。在岳扎、僧格

---

① 达若，意为头人，在土司辖区，指当地最高首领土司之下的头人；而在守备辖区，则指当地最高首领守备（译者注）。

② 达若（Darro）在内藏地区（Innertibet）被称作德巴（deba），琼若（Tschungro）被称作且郭（schel ngo）。在然旦，今天有两位千户（ts'ien hu），一位在勒乌围，另一位在河西的四不当（sBédung）。在巴底、绰斯甲布、梭磨也有达若。达若的儿子被称作达若热（deresi）。

宗，包括懋功、新街子、木坡、抚边、两河口等地都有汉人居住。①此外，本地人依旧在世袭贵族达若的统治下生活在山坡和小山谷中，一部分世袭贵族生活在旧时的城堡中。大部分大、小金川的防御设施都被毁掉了。世袭贵族每年必须前往懋功厅衙门一次，其中较大的世袭贵族可以派遣琼若作为代表前往厅衙门。达若有着像杰布一样尊贵的地位，结婚对象也只能是同阶层的人。几百年来达若一直是家族中的荣耀。当一个达若家族绝嗣后，另外一个达若家族的第二个孩子会被过继过来继承前者的尊号。除了贵族首领达若、贵族军官琼若之外，人们被分为自由的士兵即农民差巴或科巴（Tschralba，Kralba；Kral），然后是缴税农民即托当巴（Tokdamba），再者是格纳（Gonag）即黑头，以及真正的奴仆库米②（Kurme）。除此之外，还有僧人即郭西③（rgofsches），最后是手工业者，这两个职业群体都是由差巴和托当巴的次子组成的，也有部分人是从其他族群迁居过来的。

自从战争结束之后，所有大、小金川的土地一半由汉人管理，一半由藏人管理。对于汉人管辖的土地来说，不管是藏人还是汉人，土地使用者必须向太爷，也就是懋功厅上缴地租，就像中国其他地方一样，但是不用缴纳和承担其他的捐税和徭役。这种农民和地方政府的关系使人感到十分现代化和民主。反之，藏人管理的土地被视作各个达若自己的私产，其中差巴家庭会从中得到一份可以继承的土地作为承担兵役的交换，这份地是士兵的土地，不能分割，不能售卖，只有产出的农作物可以出售。如果一个家庭犯了较为严重的过错，达若可以将这块土地送给他人。除了一些农作物以外，差巴家庭不需要向地方的官员缴纳任何其

---

① 懋功厅设立于1779年，其下辖五个屯（Tun，金川话称作"Tenn"），也就是懋功屯（Mu Gung Tun）、抚边屯（Fu Pien Tun）、绥靖屯（Hsü Tsching Tun）、崇化屯（Tsung Hoa Tun）、鲁密章谷屯（Romi Tschanggu Tun）。此外，从1783年开始，另在营盘街设立了一个协（Hsie），归松潘厅（Sung Pan Ting）的指挥官统领。

② 拆解来看，库（Kur）的意思是税役，米（me）的意思是人。这些税役让每个藏人都难承其重。

③ 郭西，嘉绒地区对僧人的称呼（译者注）。

金川至今屹立的最高碉楼

他的租税。他们在和平时期每年有20到30天的时间作为达若的扈从无偿从事执勤任务，在有需要的情况下，他们要做乌拉的工作，也就是说，在没有酬劳的情况下，要将战事所需的粮食运往最近的地点。在战争时期，同样需要在没有额外补偿的情况下奔赴战场。每个士兵需要自备武器和马匹，保持其良好状态，并对琼若负责，琼若身兼官员、地方长老以及基层执法者等身份。自从金川战役结束之后，他们就不再进行军事训练，只是在秋天会举行为期两天的检阅仪式，仪式上会举办有奖射击等活动。在这一天，每个普通的差巴都会穿上金川的传统民族服装。上衣的背部从上到下有一条30厘米宽的条带，他们的头部因为戴着帽子显得不太一样。下级军官现在戴着中式的帽子，有些帽子上还有纽扣。这种秋季带有监督性质的集会是不会有差巴缺席的，届时会当众宣布奖惩措施，作为凯撒[①]（Kaiser）的赏赐，每个人还会获得3两银子。[②]

---

① 凯撒，意为帝王，此处疑指大小金川的地方首领守备（译者注）。

② 清军征服大小金川之后，杰布的地位被凯撒替代。差巴必须服从凯撒的命令，应征出兵。1900年的义和团运动中，他们就应该前往北京，加入22个云南步兵营的编制中，然而然旦人只走到了懋功。当时的厅长官拒绝承担差巴们前往北京的费用，于是争论四起，然旦人捣毁衙门之后就各自回家了。

因为差巴对田产的占有和服兵役有着一定的联系，所以就很容易理解那些服兵役的人也被视作这些田产真正的主人。父亲大多会在很早的时候，即儿子成婚后不久就把作为差巴的义务转给儿子，并从那时开始在家庭关系中处在一个有更多建议权的位置。如果儿子对父亲不好，父亲可以离开住所，并要求儿子提供一笔丰厚的补偿。[1]

藏人屋顶的熏香炉，左侧上方是蕴含着"魔法"的枝杈，用来抵御极端天气的侵袭

藏人管理的土地并不是全都分给了差巴家庭，大片尚未开垦的林地在达若的要求下被分给新组建的家庭开垦耕种，他们为此需要给达若上缴佃租托当（金川话：Tokdam），所以这些家庭被称作托当巴。佃租很高，具体数额主要取决于生活所必需农作物种子的数量，其比汉人的地租要高得多。这类田产也是不能售卖的，仍旧是属于达若的资产。托当巴的地位远低于差巴，但是差巴次子们的地位比托当巴还要低。还有格纳，也是地位低下的人，他们之前是奴仆，除了生活所必需的食物和衣服外，杰布和达若不给他们任何其他的补偿，他们为杰布和达若们耕种田地、喂养牲畜。除了达若之外，寺庙的田地也由格纳劳作，如果一个格纳成功筹齐30两银子，那么他可以用这笔钱赎身。如果他有孩子，每个孩子需要30两来赎身，他的妻子需要10两银子来赎身。否则，他自己是自由身，孩子和妻子仍旧是格纳，孩子从十岁开始就要为达若做事。一个自由的格纳可以从达若那里得到一块份地，缴纳佃租，并成为一个

---

① 我们从三郎斯旦真（Sanan Setsen）那里听说，在古代，藏地的王很早就会退位，并由他们未成年的儿子即位。在金川，历史也是如此与众不同，公子们在他们的父亲还在世的时候就扮演着很重要的角色，他们可以与邻近部落的公子们联合开启大规模的战事。

托当巴。格纳地位低下，只有很少的差巴会和格纳后代的女子结婚。

在玉树以及德格等地，古老的藏传佛教宁玛派（Nimaba）、噶玛巴（Karmaba）①和萨迦派（Saskyaba）的信众很多。霍尔巴（Horba）地区的部族是个例外，因为在固始汗（Guschri Khan）率领的青海蒙古人的帮助下，那里已经确定了格鲁派为主要的信仰。大部分嘉绒地区的政权还比较保守，信奉着最古老的藏人信仰本教。在巴底、巴旺、梭磨和杂谷至今还有本教的寺庙，在大金川和小金川还生活着很多古老本教或者萨满（Schamanismus）的信徒，他们是热情的祈雨师、驱雹师和安魂师，还会将鸡、雉血到处挥洒。位于巴底东部、陡峭的嘉绒墨尔多（rDyarongmurdo）山是本教的圣山，也是这一地区神圣的中心。声名远播之下每年都有大量朝圣者绕墨尔多山转山，像格鲁派一样，向左或者向右环绕行进。乾隆皇帝被藏人称为文殊大皇帝（Dyamyang Gongma tschiembo），在经过大战之后征服的土地上，他将本教的庙宇，首先是雍仲拉顶改成格鲁派的圣殿，并赐名广法寺，成为这一地区堪布的驻地。乾隆每三年都会派出一位使者前往位于拉萨的甘丹寺（dGaldan），而这位使者是从附近所有其他的寺庙近千名僧侣（广法寺有400名僧侣）中选拔出来的。寺庙前是皇帝为了纪念战争结束而竖立的石碑，碑文由四种文字书写，但是没有用嘉绒语，因为它只是口语体。本地人使用高地藏语，喇嘛在寺庙中也要学习高地藏语。根据清朝官方的命令，当时所有本教的壁画都被粉刷掉了。本教的神像和书籍都被埋在大殿（Du kang）的地基下面，只剩下向左旋转的万字符雍仲（Yung dschung。写作：gyung drung）和其他的符号让人回想起清廷强行改变这一地区信仰前的那段岁月。在藏地，因为采取了很多充满善意的措施，乾隆皇帝被视为格鲁派忠诚的护教者。如果有人在大金川和小金川公开举行本教宗教仪式和向左绕着至今仍留存的本教圣地行走，就会吃到官司。自从开战以来，官吏就将本教的教徒当作邪恶的妖术师，因为他们在战争期间试图祈祷雨雪来阻碍清军的进攻。

---

① 噶玛巴，藏传佛教噶玛噶举派活佛称谓，此处代指该派（译者注）。

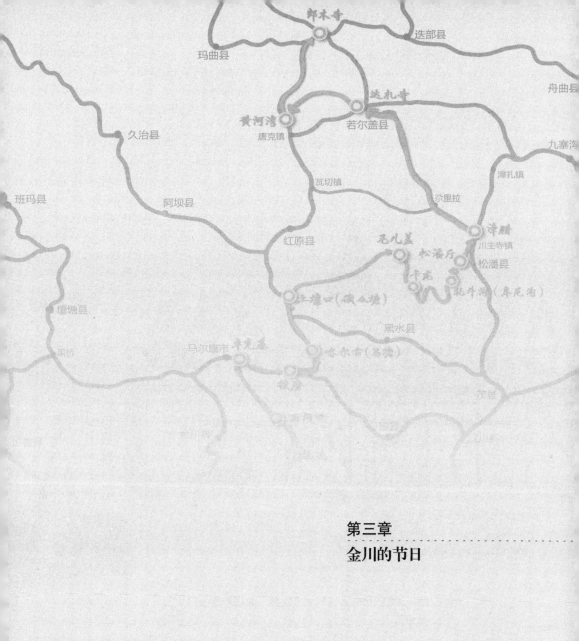

第三章

金川的节日

桌子上摆放着用糌粑和黄油制作的伊当本尊、曼朗柯和朵玛

金川比较盛大的节日是在农历一月八日、四月和五月五日、十一月十二日，最大的群众节日叫作嘎拉汝（Gala teise），即兔子节（Hasenfest，gala=gale=Hase，teise=Fest），时间是农历十一月十二日和十三日，被看作是古老的、当地新年伊始的吉日。这个月被称作兔月。①这个节日恰好在白天最短的一日。直到今天，太阳、月亮和星星仍在节日中扮演着一定的角色。农历新年在6个礼拜之后，相比之下被称作卡布芮汝②（kawri teise），因为根据十二生肖循环恰好在"蛇月"举行庆典。每家都要为兔子节制作又大又平的小麦面饼，象征太阳、新月、父亲、母亲和全体活着的家庭成员以及女性祖先［达聂姆（Dianemu）］。其中一个小麦面饼要制作成直径达半米的圆形。在新年时，这些面饼要放在厨房和起居室中两天。此外还有两个面饼塑像，形状像鸡［金川话：白古③（begu）］，在中间放着一个烘焙好的动物状（鸟类）的面饼塑像斯格多（sgoldo），它身上竖着一根棍子，

---

① 在所有藏族童话里，兔子所扮演的角色就好比我们的狐狸列那（Reineke Fuchs）。兔子是神圣的，它们因此也很少成为猎人的抓捕对象，也很少有人想要吃掉它们。根据古老的道家（Taoistisch）学说，月亮里就住着一只兔子，藏人的本教也有同样的传说。同样被尊崇的还有十分聪明的猴子。众所周知的是，藏人历来被教导他们是从猴子进化而来的，所以只有很少的人会把猴子当成猎物。

② 卡布芮汝，嘉绒方言，意为蛇节（译者注）。

③ 白古，嘉绒方言，意为公鸡（译者注）。

棍子上是藏传佛教的诺尔布①（norbo）。其摆放位置可以参见下图。每个象征人物的四边形面饼顶上是两个角，象征女性的四边形面饼顶上有四个角，环绕着四个角的是卷起的辫子。②在摆放面饼的房间内人们还用白垩或是小麦面在墙上绘制太阳、月亮、星星、海螺号角和净水壶。奔白（bembe。藏语：bum pa）意思是装圣水的容器。在新年的时候人们会点燃酥油灯［金川话：玛尔麦③（marme）。藏语：曲麦④（dschodmi）］，人们不需要在摆放着面饼的桌案前叩头。家长不会忘记在节日里将热酥油倒入一碗凉水中，其目的是通过酥油在凉水中的变

桌子上摆放着金川兔子节所需的面饼（A：达聂姆。B：太阳。C：月亮。D：星星。E：斯格多。F：鸡。G：达聂。每个面饼对应一位在世的家庭成员）

---

① 诺尔布，藏语音译，意为珍宝（译者注）。

② 面饼塑像斯格多是被作为本教神灵来看待的，其意义我还不是十分明确。最特殊的是摆在中间靠后位置的象征着女性祖先的面饼，其中蕴含着古代母权制的符号，有着古代"女国"（Nü Guo）的痕迹，那是在中国地理学家和说书人口中由女性组成的国家。在非本教信仰中很少出现公鸡。在今天的金川，缔结合约或者呼唤和平的时候都要杀一只鸡，然后双方都要饮鸡血。

③ 玛尔麦，藏语音译，意为酥油灯（译者注）。

④ 曲麦，藏语音译，意为供灯（译者注）。

化来预测来年的收成，新月的形状预示幸运的一年。如果谁家在过去的一年里有丧事，那么就不能烘焙面饼，也不能用白面粉在墙上画太阳，因为这样会让新的一年"黑暗"。"兔子节"期间，每个金川人都只吃糌粑（Tsamba），而不吃其他食物。家里所养的家畜也会得到和人一样的食物，即配有黄油和蜂蜜的糌粑团。

随着越来越多汉人的到来，本地人也开始庆祝农历新年，而在新年之后的正月初八，一头猪会被煮熟并放到屋顶上——就是察察白（ts'a ts'a bie）。一个村庄的每户家庭都会有确定数量（100~1000个）的陶制擦擦①（ts'a ts'a）放置在特定的位置，每个内部都放有3颗青稞种子。僧侣（主要是格鲁派）会用其进行祈祷和献祭，以求阻止瘟疫的发生。晚上人们会像兔子节快要结束时那样聚集在一起跳舞、唱歌、痛饮，接下来的一天也是如此。

四月，当树木长出嫩芽，春日庆典到来时，人们会随着本教的僧侣或者预测冰雹的人［金川话：德姆瓦雅（drmud waya）］一起进入山里的拉则②［Lab rtse。金川话：卡色（mkarse）］。僧侣会在那里诵读驱走冰雹的经文，来保护当年的收成不被破坏。庆典结束之后，人们要赶快返回，卷起裤腿，到田地中插好由本教僧侣祈福过的桦树枝。这些桦树枝涂有鸡血，用雄鸡的毛装饰，要放置在田地的角落和三块白色石头所标示的农田"中心"。农民根据太阳确定不同农作物的播种时间。他们在窗户的横脚线边做标记来观察太阳初升时的阴影，或者观察太阳是在哪座山峰后面消失的，以此来确定何时播撒越冬作物或其他农作物的种子。

五月五日同时也是农历的节日。这一日是白天最长的一日，也是夏至日。金川人称之为"达瓦约节"（Dáwamnio。汉语：五月端午），与新年一样也是持续两天。一大早人们就前往山上，在那里为神明焚烧芳

---

① 擦擦，指模制的泥佛或泥塔（译者注）。

② 拉则，在山口、山坡上堆砌的石堆，其上插有长箭、经幡等，是祭山神和祈祷平安的地方。本书中作者也使用了蒙古人的称谓"敖包"（译者注）。

地支、纳音、天干龙达③（Lung Schda）图缩小版，用于作法以免于冰雹的侵袭（原尺寸：17厘米×26厘米）

香味的祭品。之后，所有人都前往节庆场地，在那里举办有奖射击、赛跑、跳高、跳远等项目以供娱乐。村里的每个家庭都会带上烧酒和面饼，所有人都一起唱着过去的歌曲，回忆大金川过去的辉煌岁月。在两条长长的队列中，左边是男人，右边是女人，人们开始相对舞蹈。他们以奇特的姿势扭动着腿和脚，向前或是向后摆动，脚步的节奏刚好与歌曲的节奏合拍。节日里每个年轻的男孩都要踩坏好几张鞋底。他们绕着一个巨大的陶罐，里面是人们用自己家的容器往里注入的青稞烧酒阿让①（金川话：arak）。②

① 阿让，意为白酒（译者注）。

② 金川人消耗的茶叶量特别少。取茶叶而代之的日常饮品是用梨树叶加盐熬制而成的饮料〔金川话：邦西崴玛茶（Baksche ui-mak u-tsche），意为梨树树叶制成的茶〕或者用切碎的梨干熬制而成的饮料"邦西基多"（Baksche tschido，意为梨汁）。很多家庭只喝烧开的加盐的水或者稀稀的肉汤。富有的人每天都喝"恰基"（Tscha tsche），即发酵过的青稞酒，或者加牛奶、脱脂牛奶以及混合着坚果油的茶。在庆典上，他们会饮用恰色（Tschaseb）和阿让（Arak），也就是大麦烧酒。"恰基"是用蒸馏过的青稞加上闻起来像是甘菊的白色花瓣〔金川话："颇利颂"（polebed），也就是酵母花〕以及封存在高高的石罐中至少6个月的冷水发酵而成的。这些发酵过的青稞在热水中熬煮之后被称作"恰色"。在庆典上，"恰色"通过小竹竿供人饮用。蒸馏之后流出的蒸馏液就是金川烧酒阿让，饮用的时候还可以加上蜂蜜，会变得很甜。

③ 龙达，风马旗，包括放在屋顶或山顶祈福的风马旗与印制成纸片的风马旗（译者注）。

一位大金川的杰布曾经唱过这样一首歌："嘉萨颇章勒乌围矗立在那里，环绕四周的是巍峨的山峰，岩石犹如天然的帷幕。来自最幽暗密林的老虎，像狗一样俯卧在大门和小门内守护，山间的溪流环绕四周。"①

节日的第二天欢庆也会持续到深夜，直到村庄里所有的库存都耗尽为止。

唯独在秋天没有相对大一些的节日，所有人都全身心投入到收获、打麦子、犁田等农活中。举行丰收感恩节的时候所表现出来的民众精神和民族特点一点也不像东亚的风格。很久以来，一年的晚些时候，在第一场雪到来之后，村庄里的男人们会集中起来，把从居住在海拔较高处的帐篷中的族群那里买来的牦牛宰杀掉，然后用8到10天时间，一起前往森林中从事狩猎活动。因为担心惹森林之神和山神愤怒而降下冰雹毁坏庄稼，所以整个春季和夏季都禁止进行狩猎活动。所有的琼若，即村寨的主管对此一直十分重视，那些犯错的人会受到很重的惩处，汉人违反的话，枪支也会被没收。金川最珍贵的野生动物是麝［嘉索（Dyamso）］，然后是东亚大鹿［策（schaoë）］，鬣羚［Capricornis，Nemordhoedus，argyrochaetes Heude。鬣羚属华东亚种。金川话：热（rië）］，野绵羊［Pseudovis nayans Hodgs。高

---

① "…rdyalsa（=rgyalsa）powrang Leui re

bdyardyal tschung dyen news aba

sgo di sgo tsa ne gui re

naschdien sdang mu nesgo dsche（=kri）

tschü sgor gari tschin tsen re

dschra sgor gari yalwa go."

"德"（di）=高地藏语的"钦"（tschen），意为大的；"杂"（tsa）=小的；"布让"（dschra）=高地藏语的"brag"，意为岩石；"雅瓦"（yalwa）=高地藏语的"约瓦"（yolwa），意为帷幕、罩。这首歌一部分用高地藏语演唱，另一部分用金川话演唱。根据作者记音分析，第一句的意思应为"嘉萨颇章勒乌围（官寨），是琼鸟降落的地方"（译者注）。

地藏语和金川话：郭特（lurgot）。多成群出现，大概40到50只］，羚牛［Budorcas taxicolor。汉语：塔金（Da tschin）］，还有一些分属不同亚种的豹类，比如雪豹（Irbis）分布在人类活动区域的边缘地带。大熊猫（Ailuropus melanoleucus），也就是之前所谓的"Ursus melanoleucus"，西藏东部的熊猫是在喜马拉雅东部和四川之间大熊猫亚科的三个代表性动物中数量最稀少的一种，是在前几年刚刚发现的西藏黑熊之外的种群。大熊猫的活动范围局限在汉藏交界地带，在附近的霍尔地区已经绝迹。金川话称大熊猫为"德贡姆"（Dschragom）；动物学家们通常称之为"竹子熊"。它们在这里也不是经常出现，通常只是单独出现在海拔在1500到3500米之间人类难以踏足的深山老林中。大熊猫以植物根部、浆果，特别是栎树的浆果为食。秋季，当田地的庄稼成熟之后，它们会趁着黑夜像真正的熊一样，从茂密的丛林中出来，然后就会被当地的猎人用绳子和叉枪击杀。大熊猫体长1.3米，有着漂亮的毛，只有眼圈、后脚、前腿直到肩膀和尾巴尖的部分是黑色的。它们的优质毛皮会落到商人手中。因为它们的毛不长，当地人意识不到它们毛皮的价值，只希望换几个铜板。大熊猫的肉也无法食用。这一家族排第二位的动物是小熊猫（Ailurus fulgens styani Thos），大小与狐狸相似，比较常见。在金川当地人的院子里连续两到三个晚上都能看到小熊猫。它们偷鸡，喜欢蜂蜜，在拂晓时分会伴随着沙哑的叫声溜走。尽管小熊猫有着半米长毛茸茸的火红色尾巴，但是以它们的敏捷，在树上很难被发现。

我错过了金川最适合我的节日。在这节日中的集体活动大多只有一个性别参加，比如打猎，被称作"打平伙"（tapinghu。源自汉语的词汇）。在秋天和冬天狩猎期间，没有结婚的女孩都会持续庆祝活动4到5天，其间她们一起居住，一起缝纫和歌唱。在节日期间，这些女孩们会穿上特别的衣服，这些衣服的风格与相邻的藏地服饰一点也不一样。短上衣"达巴"（sdagpak）的样式和纽扣都是模仿汉人的衣服，除此之外，她们所穿的百褶裙上有着很多向下延伸的、垂直的褶皱，裙子套在内衣外面，就像一块布料绕着臀部缠了一圈，最后用一条宽皮带扎束起来。这种裙子"德白德维"（sdesbe dewei）一般来讲使用深色的羊毛织成，与罗罗妇女的百褶裙相似。西宁府的土人（Tu-ren）妇女也穿这种服装式样，只是在她们那里有着垂直褶皱的裙子降格成了围裙，或是只有雏形。甘肃的汉人妇女偶尔也会在裤子之外套着罗罗人的这种褶皱裙。每个看重礼节的甘肃农妇如果没有穿着一套瘦长的、围裙状的褶皱裙骑马出行去拜访别人，就会感到十分羞愧。金川妇女在这种褶子裙之外还会穿着一件正方形的裙子"德千白"（deschembe），上面有刺绣和缘饰，向下不及膝盖，这让我回想起了南海岛屿上妇女们的穿着。除此之外，她们的肩膀上还有一条很大的围巾"邦"（mbak），在脖子前面用饰针别在一起。

受到格鲁派的影响，在寒冷的季节每个家庭都会邀请一些僧侣来家里作法事"多玛"（gTorma），以此来驱逐这一年中藏匿在家中的鬼怪。富有家庭中会持续念经三天，然后用做糌粑的面团制作本尊伊当（Yidam）和曼朗柯（Smonlam）的塑像，在密宗像前面还会摆放一个用糌粑做的小一些的牛头，这些都是本教仪式的遗存。

木刻印板。本教僧侣使用这个印板和糌粑团制作动物模型来祈祷祛除疾病和灾难。（原印板是一个25厘米长、截面为正方形的木棒）

第四章
金川的婚丧习俗

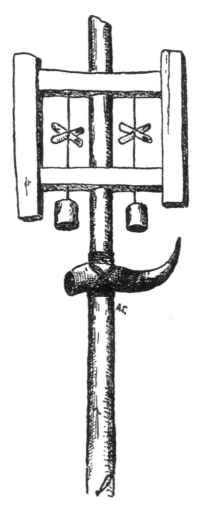

装饰着牦牛角的魔法棍和随风旋转的
祈祷装置，用于驱逐随着风暴和大雨
而来的鬼怪（巴绒古拉）

女性从十八九岁开始就可以婚配了，男性则是二十岁。通常需要双方父母的同意才能结婚。自由恋爱也不是完全没有，一个女孩和她的恋人偷偷逃走的事情有时会发生在最富裕的家庭里。一般来讲，按照男方父母的意愿，会邀请女方家的一个叔叔作为媒人。即使女方的父母同意这门婚事，他们也会百般推脱，所以做媒并不是一件轻松的差事。为此，媒人要能说会道，多次上门，一次次说服女方家答应这门婚事。女方家终于同意之后，男方的家里会根据新娘家指定的吉日"协古如"（tschiagu），将礼物送到新娘家中，礼物包括十升烧酒，一个盛满小麦的、漂亮的青铜壶①，一大块烟熏猪肉以及类似的东西。送礼之后，男方家就确定下他们未来的儿媳了。这时，年轻的新娘通常才十六岁，大部分情况下是间接了解到自己已经和一个男性定了亲。婚礼则是在两三年或者多年以后举行，按照本教的习俗计算出新娘离开自

---

① 这种带有装饰性把手和壶嘴的青铜壶今天已经不再生产了，但看起来却有着独特的魅力。这种青铜制造工艺可以追溯到商代（Schan）。根据大小和形状进行排序，这类青铜器分别被称作"白坚"（bedyen）、"白克热"（benkreb）和"恰雅拉祈"（schdyaradschi）。每一个古老的家庭中都拥有这样一个壶，还是同一批出产的，一直保存得很好。另外还有一类新式的青铜壶以及小型陶制茶壶和烧酒壶，都为本地制作，有着很明显的特色，即高高的把手和小小的饮嘴。这里制作于巴底的铁茶罐也很有特点，形制和欧洲低筒靴特别相似，能够最大程度利用炉火吸收热量。上火之后，铁茶罐的前端会直接隐没在火塘中。

第四章 金川的婚丧习俗

▼

己娘家的日子。在此之前僧侣会受邀前往两个家庭中举行宗教仪式并念诵经文。在本教的吉时，尽管有反抗和哭号，亲戚们仍会将新娘拉出房子并让其坐到马背上前往婆家，那里有音乐和鸣枪来迎接新娘。这个过程被称为接新娘［雅白萨格若（jabdye sakro）］。因为新娘戴着厚厚的红盖头［金川话：登白尔①（rdembrel），喜庆的颜色］，所以没有人能看到她的脸，新娘和新郎的亲戚都会前来祝贺，并在新郎父母那里待到第二天中午。人们吃着猪肉和牦牛肉，喝着烧酒，整夜歌舞。新娘不跳舞，她会戴着盖头坐在年纪稍大一些的女性之间。第二天下午大部分人都会离开，新娘也会随父母回家，只剩下新郎及其好友继续吃喝。新郎需要坐在新娘的位置上，喝掉一杯有蜂蜜和鸡蛋的烧酒，每个朋友各自送他礼物，还有一个用哈达包裹着的小型烧酒壶。所有人会一起送新郎一个新的犁或者是一些能够做新衣服的布料，以及类似的东西。

婚礼后三个月或是半年，新郎的姐妹或是姑妈会去新娘的父母家探望新娘，并悄悄地带她去新郎父母和她的丈夫那里。新娘会带上首饰、衣服、镰刀等农耕用具和一头奶牛、一只母羊、一头母猪以及缝纫工具。一般来讲，新娘的父亲还会指定一片田地供新娘终生使用，新娘死后田地的收成会重新回到新娘父亲的家族中。在金川，妇女的地位比在西藏要高很多。丈夫在卖一些东西的时候，基本都会征求妻子的意见。离婚是有可能的，但很少发生。达若总是充当仲裁官的角色。如果一个妇女没有孩子，那么富有家庭的男子就会娶第二个老婆；如果一个妇女只生了女儿，那么会收养一个男孩，这个男孩会和女儿结婚并在之后继承整个家产。在金川很少有人知道一妻多夫制。

在金川，婴儿出生不会有特别的仪式。母亲必须在家里待半个月或者一个月。屋门上挂着一根杆子，用来悬挂竹帘。如果不是这个家庭的成员，这期间是不能进入这个房屋的。大约一年之后，喇嘛会给孩子起名字，同时还会念诵经文，并用陶土捏制一个15厘米高的人像，高高地放置在房屋角落的小木板上，从那时开始，孩子就被视作有了灵魂

---

① 登白尔，意为好兆头（译者注）。

"纳"（wla）。

如果有人生病了，首先会叫来本教的僧侣，他们会看病人是否失魂了，比如被吓得丢了魂，随后人们就会前往森林里，呼喊病人的名字，以此来唤回他的灵魂。本教僧侣通常会除掉那些恶灵"赞"（bTsan），这些恶灵居住在树木或者泉水中，病人因为惹怒了他们才会患有病痛。这种情况下，本教僧侣使用写满符咒的布料连接病人的屋子和那些恶灵居住的树木以及泉水，也就是说，他们创造了一个通道让恶灵得以回家。在其他情况下需要将一只公鸡放到森林中，在某些地方，会杀死公鸡并将它的血喷洒到四个方向。本教僧侣也会用糌粑或木头制作动物形状的模像，并根据符咒书上的咒文将其放到十字路口或者森林中。病得特别严重的病人门前会悬挂一束草秆，所有陌生人都不得进入这户人家。这户人家的儿子如果从外地返回，在这种情况下也不能进入他父亲的房间，因为每个人身上都会附着一些鬼怪"哈芝"（iha ndri），它们会对他人造成伤害。在人们将礼物赠送给病人之前，必须进行清洗。

葬礼之前，首先，死者的亲属要找到本教僧侣，或是找受过密宗教法甚至是在拉萨得到佛法点化的僧侣。这些有占卜能力的人在金川被称作"颇木格汝"［Bremugero。①高地藏语：莫达巴（Mudabka）］。他首先要使用咒书和三个骰子，然后根据骰子的点数将彩色的鹅卵石、豆子、贝壳、鹰爪和木棍叠加放置到死者身旁，以此来确定死者的灵魂是否还在他的体内、他的灵魂是否在很久之前就已经离开、很多鬼魂是如何杀死他的，以及这些恶灵现在藏匿在何处。占卜者还要确定在哪天的哪个时辰才可以将死者的尸身送出房屋。这个占卜者到来之后，亲属们就要赶紧去最近的寺院，请求那里的喇嘛和六个或者更多的诵经者［确巴（Dschraba）］来到死者的房屋念诵七天、十四天、二十一天或者更长时间的经文。僧侣们为死者的灵魂指引道路，通过祈祷帮助死者去往地狱神殿中［聂尔瓦拉康（Nirwa Ihakang）］死神［辛结杰布（Tschüs

---

① 藏语嘉绒方言，意为占卜者、卜卦者（译者注）。

▼

rdye rgyalbo）〕的座椅前。在占卜者确定死者何时可以送出房屋的同时，亲属们要用温水清洗死者并为他梳妆。此后，赤裸的死者以坐姿的形态双腿交叉，被白色的、长达7米的棉布包裹起来，放置在一个较高的位置3天，如果在冬季则是14天。死者的脸被哈达盖住。如果在尸体僵硬之前家属们没有把尸体绑起来，那么就意味着死者的灵魂还在躯体之内，可以像活人一样有知觉，正在受到梦魇的侵扰。这种情况下，喇嘛们的任务是唤醒灵魂，让其离开躯体；如果失败了，那么人们会认为尸体还会继续生长，并再次站起来，到时候每个看到尸体的人都会死去。为了避免这样一具僵尸离开房屋去引发灾祸，金川所有房屋的大门都比较低，人们都只能以弯腰的状态通过门口。在这种情况下，喇嘛会诵经数小时，并召唤神灵将死者的灵魂从身体中驱离。他和助手们坐在尸体旁较高一些的位置，突然开始保持静止，似睡非睡，闭着眼睛，发出打嗝一样的声音，"吁——"，连续三次尖锐的声音提醒死者时辰已到，灵魂要离开身体。如果尸体还放在房间里，就要在死者身前放一盏油灯，并准备好食物。亲戚们在房屋前竖起一根高高的印着经文的旗杆。每次对尸体有新的动作，都必须先鸣枪三声。占卜者会确定何时将尸体放入棺材中，棺材是完全用木材打造的，使用木钉来封闭棺盖。不能使用任何铁或者石头，因为这些材料是可以用来制作杀人武器的。用白布紧紧包裹着的尸体被以坐姿放进棺材中，坐在他的衣服上面。致人死亡的厄运和鬼怪可能都藏匿在死者的衣服中，没有人希望遇到这些厄运和鬼怪。尸体和棺材之间的空间被颗粒细小、干燥的黏土和小雪松枝填满。当占卜者找到合适的地方时，棺材要么被扔进河里，要么被焚烧或者掩埋。通常死者在生前会提前提出要以何种方式安葬。在占卜者确定的时间到来时，棺材会从村子中抬出。棺材几乎不会停在屋子前，人们会通过鸣枪的方式来驱赶那些致人死亡的幽灵。此外，喇嘛会在房屋的所有角落撒下白色的石英石并念诵咒语以驱赶那些幽灵。同时，石英石会被扫帚扫掉。送葬队伍中不能出现妇女，僧侣们会用低音部来吹奏他们的长号。死者的家属大声哀号，一些乐手则敲着鼓。如果是火葬，棺材会被放置在一个高2米的木柴架子上。在燃烧期间，人们会将酥油、谷物、熏香和刺柏树枝扔向火堆，来掩盖尸体焚烧所产生的异味。如果是土葬，棺材会被埋到家族墓地中，一般是在田地的一角，挖出1.5米深、正方形的墓穴。这样的墓要么是用厚木板围住四周和上部，要么是完全进行衬砌，以此来保持墓穴内的干燥。棺材和墓穴四壁之间的空间用冷杉树枝填满，上部则用厚木板、干树枝、黏土和树皮密封。亲属在墓地周围为死者祈祷，喇嘛也念诵他们的经文。墓穴四周建起四堵墙，围成正方形，通过横梁结构做支撑，在横梁之上高处是拱顶。外部都用陶土进行粉刷，还会从上到下倾倒石灰浆。坟墓［萨帕（Ts'a pak）］的样式和佛塔［曲登（Tschort）］很像，但是在坟墓上没有高耸的尖顶。大部分坟墓比地面高出1.5米，富人的坟墓可达到3米。穷人的坟墓则完全使用黏土，没有石头和木材。所有和死者以及棺材相关的物品，在安葬死者之后都会进行清理，人们需要在燃烧着刺柏枝的火堆产生的浓烟中"清洗"双手双脚，或者从火上跨过去。安葬之后的夜晚，所有死者的熟人都会前往最近的山上，重复地唱着："唵、嘛、呢、叭、咪、吽"（Om mani padme hung），本教教徒会唱"阿雅、阿麦、吽、阿噶尔、萨列、沃嗡嘟"（Aya ame hung adgar sala omda）。

安葬之后，僧侣们从早到晚在灵堂诵经，每晚喇嘛都会重复使用白石头来驱除那些幽灵。当这些石头被扫出去之后，还会在房前鸣枪。在祈祷的同时，喇嘛会在地上展开一张纸，在上面画出死者的样貌，写上死者的名字，这被称作"参尼"[①]（mtsaniang）。大概在死者身亡49天之后，死者的家属需要尽可能地将这张纸带到格西喇嘛（Gechilama）那里，他会念诵咒语并将这张纸烧掉。灰烬会被收集起来，捏成擦擦的模样，并被放置到由本教占卜师选定的岩穴中。在此期间，坟墓前都要一直点亮油灯。只有富人才会把尸体烧掉，如果尸体被烧掉，没有被烧化的骨头和灰烬的残余会被收集起来，并被放入一个小的墓穴中。在金川，人们很少看到很多的坟墓。我感觉在金川土葬是一个比较新的习俗，之前火葬居多。在打箭炉，水葬还是比较普遍的，而在金川比较少

---

① 参尼，意为名字（译者注）。

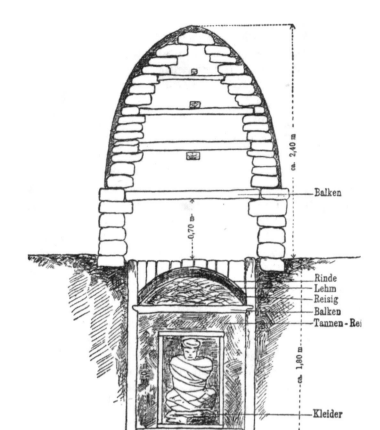

金川达若的墓（图中右侧由上至下：梁、外层、黏土、干树枝、梁、冷杉木和小树枝、衣服）

金川达若的墓

见。其他藏人的安葬习俗是肢解尸体后进行天葬，这在拉萨是司空见惯的事情，遗弃则是很少见的一种安葬方式。在金川，生活在农耕区之上的山中的游牧人，他们或是单独地放牧，或是受雇于地方首领，或者为寺庙放养牦牛，在死亡之后，只有他们的尸体才会被遗弃。这些游牧人是从西部过来的藏人，他们不讲金川话，而是说一种纯粹的藏语方言。

在一周年忌日的时候，如果是父亲或者母亲的忌日，只要他们的儿子还在，僧侣们就要来到屋子里进行祈祷。他们在一张画有死者相貌的纸张"参尼"前诵读经文。这张纸在晚上无论如何都要放到房顶的祭台上和熏香一起烧掉，整个家庭都要对已故者的灵魂叩头。同时，死者的亲朋好友会进行祈祷，用念珠对祷文的数量进行计算并写在纸上，最后烧掉，从而起到广而告之的效果。对于我来说，这些习俗像是旧俗与中原祖先崇拜的杂糅。在父亲的第一个忌日，做子女的会邀请他们所有的朋友，并将家中的老青铜壶、旧的武器及所有犁头和旧衣服都摆出来，此外还有很多存放时间很长的大块肥猪肉、腊肉，其通常制作于50年前，甚至更久远的时期。与将酥油保存十余年的西藏中部地区相似，这一大块肥猪肉是家庭的荣耀，显示着家族的发展历程和富足——只有富裕的家庭才会买得起这样的肥猪肉，并且保存这么多年而不吃掉它。

一本萨迦派经书的两页。文中有辅助性字符、涡卷形花饰和拱形连接线，吟唱到此的僧侣们会提高音调或是发出颤声（按原版缩小三分之一）

郎木寺

迭部县

玛曲县

舟曲县

达扎寺

黄河湾

若尔盖县

久治县

唐克镇

九寨沟

班玛县

阿坝县

瓦切镇

漳扎镇

尕里拉

红原县

毛儿盖

漳腊

班佑

松潘厅

川主寺镇

璃璃县

红原一(瓶么塘)

卡龙

松潘县

黑水县

黑桥

马尔康市

卓克基

哝尔宕(石碉)

茂县

第五章
从懋功厅到卓克基

来自塔尔寺的龙达，一幅8厘米×9厘米印花布的缩小版，有数百幅这类印花布在风中飘扬

我在新街子及其附近地区待了几天。两个道孚（Dawo）藏人用法语向我辞行。他们作为帮手，管理起来太难了，以至于他们的离开让我一点也不觉得糟糕，我甚至不想和他们一起再踏入荒无人烟的草地。他们似乎不怀好意，对他们来讲，我同样也是让人畏惧的。达尔吉对我的仪器和笔记都表现出不安的情绪。我将旅途中加入的一些临时苦力作为代替他们的人，只有在巴尔甲的帮助之下，我才能和小金川人较好地沟通。达尔吉和斯古鲁的表现不太合格，他们完全不懂如何与驮畜相处。没走几步路，他们就会骑在驮畜的背上，加重了驮畜的负担。此外，他们还十分胆小，在新街子的时候就已经表现出对梭磨和其他金川以北的部族的深深恐惧。在新街子，许多汉人苦力都来找我干活，他们可以将货物背运到灌县，通常人们在不太紧急的情况下走完这段路需要十天。

接下来的道路是沿河而上，路况很好。官道从懋功厅到灌县，再到省城成都。新街子向东6千米的地方是几条山谷。我的下一个目标是边地城市理番府（Li fan fu），小金川河从北边流入，形成了一条河谷，同时灌县的道路是向东延伸，我则沿着小金川河河谷前进。两座小型悬臂桥可供通行，它们十分牢固，甚至整个商队同时过桥都不会有问题。之后，我们要借助廊桥和陡峭的石阶通过山崖，好在道路上有着足够的空间，最狭窄的地方也有1.5～2米宽，没有牲畜会出现摔落的情况，整段路我都骑在马背上。很多情况下路上甚至有一段栏杆，当然，这更多起到观赏的作用而不是用于保证行人安全。

在金川地势较低的地区和距鲁密章谷不远的地方，我经常见到很多四角、六角、八角和十二角碉楼的废墟，它们是清兵征服这里之后古老的防御建筑的残余。有些碉楼又细又长，让我想起了我们工厂的烟囱。汉人称之为"碉"（"Tiao"或者"Tschiao"），金川本地人则称之为"达勇"（"deio"或者"deiyo"）。正如官方报告描述在金川的军事行动时所提到的，清兵在此之前从来没见过这种防御设施。碉楼以纹理细密的长石为基础，以黏土为黏合剂构筑，从底部向顶部逐渐变细。有时可以在顶部看到雉堞。大部分经历过战争却有幸未被摧毁的碉楼后来也都坍塌了，只有少数保存到了今天，借助长木梯可以爬上去。金川本地居民有着让人惊讶的能力，就像战争时期军方报告所指出的，他们能够熟练地，有时甚至是在战火中快速地修好这些碉楼。所有碉楼楼顶是一片小平台，上面的射击位能够给进攻碉楼的敌人造成巨大的威胁。直到今天，不少山坡上都有这类碉楼的遗址。

面对这些碉楼的清军，为了征服这片土地，就像我们之前所说，耗费大量时间，牺牲了众多士兵的生命，才逐一占领了每个碉楼。当抵抗者看到失败，他们经常会在最后时刻在碉楼中埋下地雷，一旦有大批征服者进入碉楼，地雷就会引爆。

直到今天，那徒劳而又惨烈的战争依旧是这些人心中引以为傲的记忆，他们当时竭尽全力去抵抗，在崇化和绥靖之间，大金川河左岸的照壁山（Tschao be schan）有20多个绥靖人，其中包括我的仆人巴尔甲家族的人们，他们在一个漆黑的夜晚对1500人的清军大营发起攻击。在第一轮射击之后，他们驱赶着一群羊冲向清军营地，而在羊的耳朵上绑着燃烧的引线。官兵错误地估计了这次袭击的人数，他们四散奔逃，在黑暗的夜色中被自己人挤下万丈深渊。

直到今天，金川人依旧好斗，他们并不会全盘接受所有领主和达若提供给他们的东西，尽管这些东西人们普遍都乐于接受。1904年，巴底人淹死了他们的两位达若，因为后者同意将辖区的金矿开采权交给外人。巴底人担心生活成本会增加，本教僧人的说法是，如果土地因矿物挖掘而被打洞或是挖开，土地神和山神一定会发怒，当地人粮食的收成也会减少。这些说法坚定了巴底人的信心。这次争端之后，巴底推举了一位小姐为女首领。而绰斯甲布土司家族的一位少爷，则带着2000人向巴底进发，意图与新上任的小姐结亲，这导致了巴底和绰斯甲布之间一场旷日持久的战事和大量的伤亡，直到最后汉人作为调停者介入，这位少爷成为巴底的杰布，同时，金矿的挖掘计划也被取消。

第二天我们到达抚边^①（Fu pien），那里有一位特别热情的小官迎接我。投宿的客栈根本没有供牲畜休憩的地方，他坚决反对我在户外扎营，而是让我们在一个如考试大厅一样的大房子里过了一夜。有一天，他给我们安排了两位十分可靠的人，还有他自己的通司^②（Tung sche）。从抚边开始向下游，河谷两侧是宽阔的梯地。由从北向西呈40到60度的砂岩层构成的山谷中的台地上坐落着几户人家和几片农田，旁边的小金川河伴随着震耳欲聋的咆哮声冲刷出一条狭长的河谷，很多地方深达百米。抚边附近的台地和山坡上覆盖着一层混有大量卵石和黄土状黏土的厚厚的松软垫状植物。^③为了获得平整的田地，汉人在黄土中开垦出了很多小面积的梯地，和陕西北部、山西的人工梯田相似。

沿抚边向上游的道路变得越来越开阔和平坦。我走了2000米才最终离开了"V"字形河谷地带，又走了一天后，我到达了海拔2995米的两河口^④（Lien ho kou），达若居住的地点旁边是一处街道，有着不超过50栋的单层房屋，1名衙役和3名士兵驻扎在那里。按照藏人的习俗，他的房子也作为上层人士下榻之处。第一层是牲畜居住的地方，第二层有很多房间、厨房和宽敞的阳台，从阳台上可以看到内院。当地人称这个地方为曲嘎（Tschügar）。他们种植小麦、荞麦、蚕豆、亚麻、大麻

---

① 抚边，今阿坝州小金县抚边乡（译者注）。

② 通司，指翻译（译者注）。

③ 这种构造在大金川河边的绥靖十分常见，在阿坝（Ngaba）地区，当地的农业就是建立在那里的黄土地上（此处阿坝指今阿坝县，译者注）。

④ 两河口，今阿坝州小金县两河口（译者注）。

和土豆，只种植很少的青稞，玉米在这里长不饱满。小绵羊除了少量例外，大部分都是黑色的。小金川种的小山羊和牛的数量在这里变得越来越多，没有牧区的大体型羊。深邃的河谷附近有稠密的人口居住，我的仆人告诉我，这里"根本吃不饱"，需要从其他的山谷运进很多粮食。宜居的土地只占这一地区很小的一部分，很多山峰在海拔5000米以上，对牧民来讲，大面积的山区很难得到充分的利用。我在这里遇到的居住在帐篷中的居民比在康区（K'am）高原遇到的要少很多，他们属于一

两河口土百户的房子（小金川）

个其他的部族，说着一口特别纯正的藏语方言，十分喜爱吃糌粑，相对来讲，金川居民只在新年和在寺庙中食用糌粑。

在两河口，正当我安稳地坐在马鞍上准备经过虹桥沟（Hungkiao）前往杂谷脑（Ts'akalao）和理番府的时候，一名汉兵急匆匆地向我跑过来并说道路另一侧有大暴雨，所有桥梁都被冲毁，没有办法继续前进。一位太太（抚边地方官的大太太）已经到了距离桥很近的地方，也被迫返回了。对我来说，除了向西绕行继续前进，经过卓克基和梭磨土司驻地之外，别无选择。我在一次试探性前进中遇到一位上尉，他苦口婆心地劝我不要再前进了，因为没有汉人士兵会陪我一起前进。当时抚边和两河口正处在与梭磨土司的口角之中。两年前，4个黑水（Kretschiu）商人在两河口被采药人劫杀，由于地方官员更替频繁，所以采药人并没有受到惩罚。现在，梭磨土司要求3000两白银和4个年轻人作为赔偿，并且发出了最后通牒，威胁如果在一个月之内赔偿没有到位，他将亲自带领1000人前来把人和银两拿走。可能每次这样的威胁都被视为夸夸其谈，但是我的通司和士兵们都担心他们进入梭磨土司地盘以后会被当成人质扣留。梭磨土司在这件事情上陷入了进退两难的境地，黑水是一个位于梭磨东边的部族，隶属于梭磨土司，他们一直催促梭磨土司出面解决这件事情。对于梭磨土司来讲，作为首领，讨回赔偿也是关乎声誉的事情。

几名友好的抚边士兵陪着我于6月30日到达了卓克基。我顺着道路经过木城。这是一个位于森林边界①、附近有着少数房屋的小寺庙。我从这里经过平坦的梦笔（Mumbi）山，还要再次下到险峻的森林峡谷中。在垭口（海拔4060米）附近，我们可以从雪白的杜鹃花丛中辨认出被摧毁的防御工事的残余。在路边一处海拔4410米的地方，我欣赏了一场令人着迷的日落。眼前是成千上万座光秃的黑色群山构成的壮丽画

---

① 森林边界海拔大概在3900～4000米。木城（或者说松多）的海拔是3540米，1749年和1774年清兵从这里出发，两次进攻大金川河谷。从那里到绥靖边界只有60里的路程，道路宽阔，路况良好，是商队行走绥靖、勒乌围、杂谷、理番府、成都府之间最喜欢的道路。

卷，血红的太阳隐没其间。太阳在离别之时将万丈光芒倾洒在这片图景之上，我则忘记了所有的规矩和距离，仿佛能够一直看着太阳西下，直到世界末日的到来。而眼前这个世界由悬崖、山峰和山脊组成，连一寸平坦的地方都没有。南边，也就是穆坪土司和大金川河谷左岸的方向，那里的山峰高耸入云，可以看到大面积的积雪。从绰斯甲布土司所在的西方和阿坝所在的西北开始有一条由北向西40度、宽阔的山谷向着大金川河谷方向延伸，人们只能看到山峰和山尖。雪线在海拔4600米左右，在海拔4000～4200米的中高山脉之上到处都能看到更高的山峰。山脉中有着宽阔的、布满森林的河谷以及深邃、狭窄的地段，人们就生活在其中。

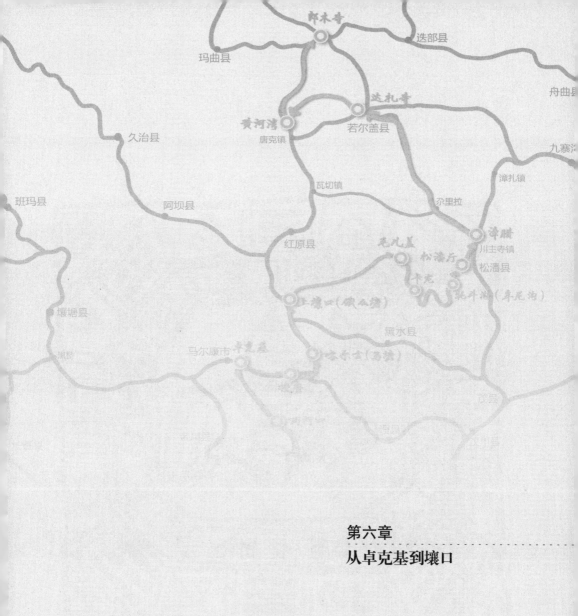

第六章
从卓克基到壤口

龙达印刷品的缩小版。原尺寸是11厘米×12厘米（位于四角的分别是：琼鸟、龙、羊、狮子。最外一圈是八卦符号。内圈是：鼠、牛、虎、兔、龙、蛇、马、羊、猴子、鸡、狗、猪，也就是十二生肖。

我在梭磨［或喀尔古①（Kargu）］河的河岸边海拔2745米的草坪上搭建了一个营地。梭磨河是大金川河的重要支流。我发现梭磨河的河谷呈深"V"字形状，由东向西延伸。第二条支流发源于阿坝地区，水量相对来讲更大，在下游向西近20千米的地方汇入梭磨河。这是河道的走向，而河谷的走向要从高度上来确定。②它以大概从北偏西40度的方向随着石炭—二叠系的绿灰色脉岩层向远方延伸，交汇的地方在松岗，那里是一位女土司的领地。

我的帐篷前是美得让人惊讶的卓克基土司旧官邸，这栋建筑有着无数的阳台和其他扩建出来的附属物，就如同老建筑外墙上的鸽舍一样。四层城堡建筑旁边的八角塔楼略微倾斜，有可能是地震造成的，它让人联想到了那些勇士们的碉。但是直到今天，在金川不仅仅领主们建造有碉楼，甚至每一个农场主和农民都有自己的碉楼。一般农民的建筑都是四角和三四层，有时甚至是五层高，由粗石修筑，从下向上逐渐变细。

---

① 喀尔古，今马尔康市境内马塘的藏语名称（译者注）。

② 阿坝河（Ngaba tschü）应该从阿坝真达（Ngaba Tsenda）开始流到阿坝麦桑（Ngabe Metsâng），然后继续向下游经过查日玛（Ts'arima），然后是瓦拉察柯（Warats'argo。这里是西番话和金川话之间的界限）、查卡（Tserh'ka）、壤塘（Tsam tang）、托寺（Itoh'gomba）、曲宗寺（Schirh'dsong gomba）和多塔确曾寺（rDo Tir tschü tschen gomba）。

卓克基颇章（城堡）

卓克基颇章（城堡）

卓克基民居

这些建筑经常以不规则的方式三三两两地组合在一起。房子的后部和大多数靠北的部分比前部高出一层左右，上面是一个用石头加重、像马鞍一样的木质房顶，房顶上的雨水由前向后流走，外观像古代瑞士人的房屋。木质房顶一般只是比较松地连接着屋子的其他部分，人们也只在和平时代为了应对夏季的大暴雨而使用这样的房顶。由于木房顶建立在一个轻便的框架上，所以一旦有敌情，人们就可以将木房顶拆掉，这样农民的房屋就变成了石头城堡。木房顶下面一般是一个厚厚的、平坦的、四周有高护栏的黏土屋顶。黏土屋顶下面的空间是用来存放佛像和神圣经卷文本的地方。如果僧人应邀参加活动，就会在这里进行祈祷。这个地方的正前方是一个开放的打麦场，也就是房屋前部的屋顶，当人们需要扬麦的时候，就可以拆掉比较松的木制栏杆。下一层的空间贯穿整个房屋，包括原本的家庭起居室。房屋前部则环绕着木制走廊。借用走廊的顶部可以让上方打麦场的面积变得更大。但是这种走廊也具有临时性，可以被收起或是拆掉。再下一层一般是仓库，平坦的地上有乳畜棚、马棚和圈养浅黄色小猪的猪圈。

从抚边陪我一道而来的汉人同伴在这里与我道别，因为他们不想再继续冒险前进了。他们在卓克基府上说了很多关于我的好话，我到达那里不久就有僧侣和仆人出现在我的帐篷门口，将烧酒、糌粑、小麦粉、茶叶和盐放在地上。他们询问了我的感受，言辞恳切，并表达了歉意，因为他们的主人目前不在。三个月前他就因一桩诉讼而前往下阿坝并留在那里，因为那里的首领和附近的游牧藏人有诉讼纠纷。下阿坝隶属卓克基，距离这里骑马要走三日，那里都是牧民。带来的礼物都放在红色和绿色的木盘与形状漂亮的圆腹形老式金川风格的青铜容器中。他们还邀请我前往卓克基宽敞的城堡里喝茶，和管家讨论接下来的旅程。围绕着整个内院的走廊毗连着众多房间，一眼望不到尽头。大一些的房间大门上方是用稻草填充的熊、野牦牛和野猪的标本。它们起到装饰的作用，同时还能驱赶幽灵。土司尚未成家，一个作喇嘛的弟弟、一个年迈的母亲和很多僧侣都住在这座房子里。就像几乎所有卓克基的居民一样，他们中大部分人都患有甲状腺肿大。当我在小金川的时候并未发现人们患有甲状腺肿大，古老的然旦好像也没有这个问题，但是在巴底、巴旺、绰斯甲布、松岗和卓克基，几乎每两个人就有一个人受到甲状腺肿大的折磨。

　　卓克基的府上给我安排了两个库米做向导，他们一大早就来到我这里，陪我一起前往梭磨。他们光着脚，只穿着一件衬衣，外面套着一件有些破碎的黑褐色羊毛大衣，他们手中有弯曲的木棒作为武器。从卓克基前往梭磨的路况一开始还不错，这是一段在理番府、杂谷和金川河上游地区之间经常有人巡视的路段。这段路一开始沿着河流左岸，然后经过一座漂亮的悬臂桥来到了河流右岸，沿着奔腾咆哮、泛起白色浪花的梭磨河向上游延伸。道路一直在原始森林中，两侧是茂盛的云杉、桦树、冬青树、山竹、杜鹃花以及其他数百种植物，它们的枝丫无所顾忌地生长，在河流上方几乎连成了一片。在一处水流急速的地方，梭磨河的河水冲上了只有一步宽的林中小径，在光滑的地面上，人们要小心地绕开一块巨石。两个仆人抓紧第一头牲畜，又拉又拽地让它向坡上前进，我们其他人和牲畜都站在下方。突然树枝断裂的声音盖过了吆喝声，这头牲畜连同背上的行李一起撞向下方树木的枝叶。好在有一根几乎胳膊粗细的树枝经受住了这头牲畜的冲击力，马鞍和行李之间的皮带幸运地卡在枝头。我们迅速分成三路上前，拽住行李箱，然后斩断了皮带。几乎所有的笔记本和大量的底片得以保存下来，可是这头牲畜却坠入了河中。现在我们还有时间呼喊仆人们过来，他们应该帮助我们将牲畜拉上去，但是上方没有任何回应。他们绝不可能是去抢救牲畜了，而是出于极大的恐惧消失在了树丛中。因为这可耻的逃跑，我们在第二天才看到梭磨的第一栋房屋。

与卓克基、松岗、党坝、绰斯甲布等其他土司一样，梭磨土司住在一座由石头砌成的、高大古老的多层城堡中，城堡连接着碉楼，有着坚固的大门，藏人称这栋建筑为嘉萨颇章（rgyalsa powrang），意思是王者的宫殿，汉人则称之为"官寨子"（Kwan tsch'ai tse），意思是官府。因为很久以来，除了皇帝的子嗣，汉语日常用语中已经没有区分贵族头衔的称呼了，所以每个藏人世袭统治者就会被当作官员来看待。梭磨土司的城堡坐落在一处狭窄的、开垦过的、光秃秃的山崖的突出位置，比梭磨河高出许多。溪流经过这里的山谷，形成了一些冲击带，其上有一排排的房屋和农田。城堡有五层，部分有六层高，三个侧厢房，一个面积开阔的内院和两座高大的碉楼，碉楼是用来防御和掩护靠山一侧房屋的。城堡向外一侧的墙壁都是完全未加工过的。从外面看，只有两个最高层上有窗户，窗户上没有糊纸，更别提玻璃了，只有木质的可以开关的护窗板。窗户周围用石灰乳画了一些图画，是颇具纪念意义的窗户艺术。城堡周围有一些很小的石头房子，像卓克基和其他地方一些宫殿那样，住着仆人、被释放的人以及一些汉人小商贩。为了牲畜，我在这里的一块草坪上驻扎了下来，不久之后，我还和土司宫殿里的居住者建立起了很好的联系。

下午，我正在休息的时候，年轻的"女王"[①]到访。她就像从古老的德国寓言故事中走出的人物——神圣的海德薇（Hedwig）。她骑着一匹白马，手中挥舞着一根用羊毛编织的鞭子。一位家仆牵着这匹骏马的缰绳。在"女王"身后是两位骑着马的女子，她们也都穿着衣长直到小腿肚的黑褐色长袖羊毛大衣，彩色翻口皮靴，头发上也和"女王"一样，戴着珊瑚珠和绿松石，并戴着银戒指。"女王"是一位24岁左右漂亮的女性。她在我的帐篷里停留了两个小时，当我把一个音乐盒和哈达递给她的时候，她很庄重地表现出高兴的态度。她长着一张瘦长小巧的

---

① 此为梭磨土司夫人（译者注）

脸，鼻子细长而精巧。人们只有偶尔在西藏很豪华的房子里才会看到这样的脸庞，她没有内眦眼或者典型的"蒙古褶"的眼睛。[1]她是金川另一位统治者的女儿，由于我的疏忽没记下这个人的名字。她的秀发是蓝黑色的，还有编成的小辫子，可以很容易地辨别出这些头发和那些褪色的褐色头发的区别。四股大的辫子编成了一条辫子，盘绕在头上，上面是深红色的珊瑚珠和绿松石以及闪闪发亮的银制头饰，这些头饰加在一起就像一顶中世纪价值连城的帽子。一个精巧的金丝编织饰品和绿松石制成的天蓝色的项链戴在脖子上，就像脖子上出现了一枚胸针，和她迷人的褐色皮肤、简洁的深色衣着十分相称，看起来一点也不像荒僻之处的人，这使我再次由衷地为其品味感叹。

这位骄傲的女主人身旁的仆人们看着则十分糟糕，不禁让人心生怜悯。她们头上什么也没戴，光着脚丫，迈着沉重的脚步，和她们的女主人一起穿过雨幕来到这里。她们身上穿得破破烂烂，发式和她们的女主人相似，但是没有任何头饰，一颗雨滴从油腻的头发上滑下，经过脸颊和脖子，甚至能看到雨滴划出的线条，像是黑色的镶边，与脸上其他部分相比显得格格不入。[2]

我沿着梭磨河向上游前进，用了一天时间到达喀尔古。沿途几乎到处都是梭磨的民居和碉楼。在路边不远处和一些小山谷中，房屋则以一组一组的形式分布着。据说梭磨有2000户属民。这里几乎没有所谓的富贾地（Fu gu ti），即可售卖的土地。这里和卓克基一样几乎没有汉人定居，我在这里从未见过小金川道路两侧那样的单层茅草屋顶的房屋，那些都是汉人居住的。他们以房屋为中心，看管着周围面积不大的土地，

---

① 金川人一般长得比较敦实，却有着宽阔的肩膀和相对于西藏人来讲很明显的圆头。他们大部分有着又宽又厚的嘴唇、平直的鼻子。比起西藏人和汉人，鹰钩鼻十分罕见。他们的颧骨很结实，但是在长度上与满人和蒙古人有些区别。

② 她们也是库米。每个达若和琼若、每个富有的庄园主都有20到30个这样的奴仆。他们穿得很少，主要以玉米面为食。大部分情况下奴仆和主人之间的关系还不错，很少出现反抗。梭磨和罗罗地区一样，奴仆和主人之间的关系都不错，众所周知的是奴仆们还经常参加主人发动的战役。

▼

梭磨民居

也就是田地，那是他们唯一的财产。这里只有农民居住的藏式房屋，看起来十分富有，给人一种他们长期在这里居住的感觉。

梭磨仍旧和一些古老的教派有着联系，比如本教和宁玛派。这里有六座寺庙，但是没有活佛。和我同行前往喀尔古的一些男女在用二声部合诵祷告词，本教的祈祷词听起来像是"嗡、吽，嗡、吽，嗡，色格吾，吽"（O hoō o hoō o segwooo hoō）。他们的祈祷被宁玛派的祷告词打断，后者听起来像是"白玛，格莎尔，斯董，布吾拉"（Bénma gésar sdung bu-u-la）。

走了一半路程，我们来到了一处狭窄的布满植被的山谷中，它位于湍急的河水旁，就像卓克基和梭磨之间的那条大河一样。由于每天都有强降雨，道路变得泥泞湿滑，不过没有出现意外。我在晚上7点的时候到达连接喀尔古的桥边，这个地方像是汉人的村庄，作为商贸集市，它以马塘①（Ma tang）这个名字为世人所知。我在距离这个村庄不远的地

---

① 马塘，今阿坝州马尔康市梭磨马塘（译者注）。

方搭好了帐篷，并将牲畜带到草坪上。

马塘又名喀尔古（海拔3250米），有三十间房屋，但几乎没有农民，只有手工业者（木匠、铁匠、五个银匠）和商人。这里有很多果洛人（ngGolokhs），他们带来牦牛毛、牛皮和盐，用这些高原的原产品来交换茶叶、大米、小麦、棉花和其他内地的商品，那些高原原产品由苦力搬运，经过附近海拔4250米的垭口，也就是吃苦山（Iss-Bitternis-Berg），前往杂谷所在的狭窄山谷、理番府和威州，冬天我在果洛—和柯玛（ngGolokh-Horkurma）营地遇到的康干（Khorgan）贩盐商队前行的目的地就是马塘。

我在这里等待着理番府官员的答复。之前我在抚边和两河口就曾写信，希望经过马塘，从那里前往梭磨的北边和西北边。我在这里至少要等到一个合适的回复，要么是一封推荐信，要么是一封言辞坚决的否决信。无论如何，我不会在汉人官员没有了解的情况下穿越附近的草地。

理番府管辖卓克基、梭磨、黑水和杂谷，大部分人用更古老一些的名称"保县"来称呼它，在同一条河谷向上游走40里的地方就是官府驻地。理番（保县）城里有500户居民，杂谷有200户居民。在那里直到现在仍有藏人居住。在杂谷①附近，当地世袭的贵族依然居住在固定的房屋和城堡中。他们和大小金川的达若以及杰布家族通婚，外表上已经和汉人没什么两样，汉人也不再把他们当作野蛮人［蛮子（Mantse）］②。按照汉人的估算，从杂谷到马塘有250里或者4天的路程，路

---

① 杂谷或者杂谷脑是数个世纪以来四川汉人和藏人交易西藏草原盐的地方。在藏语中，杂谷的杂，也就是ts'a，意为盐。但是现在来这里贩运盐的人越来越少了。四川在保宁府、嘉定府以及钻孔达700米深的著名的自流井等几个地方产盐来满足日常需求。

② 根据福格森（Fergusson）1911年发表在伦敦《运动与旅行》杂志上的文章，杂谷周围有"五屯"，或者说五个军事营地，分别是杂谷脑、甘堡、九子寨、上孟屯和下孟屯。在一场战争之中，土司被推翻。土司的位置由五个官吏代替，他们现在从藏人贵族中选择自己的配偶。我听说，像金川一样，他们都是藏人达若家庭和古老的藏人贵族，这也不是第一次出现本地贵族为了得到更高的评价，在汉人和欧洲人面前冒充自己是汉人官员后代的情况。

▼

上要经过很多连接狭窄的冲蚀河谷的桥梁，只有最后一天所经过的吃苦山垭口那里无人居住。河谷布满云杉，其通往杂谷之间的这一段河名叫柯斯河（Koser tschü）①，为藏人居住之地。从这个河谷到杂谷上游40里左右属于梭磨土司的管辖范围。②

马塘地处偏远，朝廷的官吏几乎不过问这里，梭磨土司也只是间接管辖。这个地方在原本梭磨土司所辖领地和黑水的交界上，黑水是一个世袭领地，现受梭磨土司管辖，从这里向东北就是黑水的土地。这里有一位黑水的琼若，是一名军事官吏，作为这个地区的代表居住在马塘③，不过地位并不高。

每天这里都会发生诸如抢劫或是斗殴等事情，然后人们在喇叭声中达成和解，支付一笔赔偿款；或者没有达成和解，全武行继续在周围上演。我到达这里的第二天，两个商人在距此地不远的地方遭遇了劫匪。当时人们刚好在下面的村子里喝酒，听到这个消息之后，瞬间就集合起来，骑着马，按家族分组去追捕凶犯。遇袭的商人伤得很重，其中一人

---

① 柯斯（Koser），疑指今理县米亚罗、古尔沟一带（译者注）。

② 从马塘出发向理番府方向一天的路程就到达大概有20户的尽头寨（Tschin tu tsch'ai），第二天到达米亚罗（Miālo，30户），第三天到达夹壁（Dia bi）、丘地（Tsiu ti）、打古沟（Da gu kou）、古尔沟（Gu ör kou）、转经楼（Tschuan tschin lu），第四天到大阳坪（Dia yang ping），这里有两户汉人居住，最后是边界——有少尉率军驻扎的、大概30户居民的朴头（Po tu），接下来就是杂谷。

③ 黑水地区由五个达若管理。其中最强大的是阿若旺钦（Ngaru wang tsien）。他们的大部分土地都在茂州的势力范围内。这里的居民讲一口与金川话有亲缘关系的方言。举个例子，如果说大金川、小金川人可以理解梭磨居民所说的话——即使有些费劲——那么对他们来说，黑水的方言已经属于完全无法理解和陌生的语言了。黑水人在衣服打结方式上有着很多小的不同，除此以外，他们在其他方面也显得很不一样。他们和邻居是世仇。这片区域是一片贫瘠的山地，相对于收成来讲，人口过于稠密。居民们整年都在寻找当工匠的机会，特别是在附近地区做泥瓦工和木工。他们是本教信徒，将一座距马塘东北25千米、有着一小条冰川的高山当作这一地区的圣山。众所周知，他们会以绕山行走的方式来表达对神灵的敬畏。这座山峰据说叫作"奥太基"（Autapie），我估计有6000多米高。

的头部中了六刀，在树林中躺了一夜才被人发现，在我们还没有离开马塘的时候他就死了。

居住在这里的一些大商人和商业代理人是穆斯林，他们的家在洮州①（Tao tschou）。他们凭借着非同一般沉着冷静的性格、浅红的肤色、绿褐色的眼睛以及高大的身材，很快脱颖而出，每次都深入果洛腹地经商，对那里的熟悉程度就和掏自己的口袋一样。他们将价值500两银子的货物大部分运到草地售卖，对于带回来的羊毛、麝香和毛皮，如果能卖出800两银子，他们就感到心满意足。为此，他们要前往和柯玛、大武麦仓（Dao Metsang）和万斯达赫（Wanschdāch'e），在居住条件糟糕的草地待上几个月，还要忍受雨雪的折磨。他们中一些实力雄厚的人是药材商人，会收购那些贫穷的汉人和黑水人在夏秋季节采挖的药材。高处的森林边缘和金川、打箭炉一样都有很多大黄，但是这个区域主要出产药用大黄的根。在山上半开放的小屋里，这些大黄被削皮，带到这里在火上烤干，最后进行熏制。因为水分很大，烤干这种植物的块茎比起烤干产于青海湖附近干燥区域的药材要困难得多。

我在马塘留驻期间，有一位年纪偏大的汉人医生也在这里，在过去30年间，他每年都会来到这里，也获得了这里老老少少的喜爱。他是一位治疗天花的专家，他使用古老的中医方法来治疗天花。他带着存放着人痘液体的小竹筒来到这里，所有12岁以下的孩童都被带到他面前，每个人花300钱"注射"，或者更确切地说，是感染上天花。他将竹筒中的液体滴入孩童的鼻子里，这些孩子在四至六天之后就会出现感染天花的症状［当地人称为"达布让"（Dabram）］，即在脸颊和胸部出现一二十多颗痘。这些人痘液体都是他在路上搜集到的，他会在痘变干之前将其刺破并搜集其中的液体。他选择的那些病人都是病情比较轻的，此外，他会将收集到的液体加水稀释。根据他的观点，人们首先要通过这种稀释的方法，达到不让接种的病人患病过重、通常在八天之后就可以痊愈的目的。我在这里解释一下，在整个金川，这种人痘接种法十分

---

① 洮州，今甘南藏族自治州临潭县（译者注）。

成熟，如果一个村庄的部分孩童被接种之后，剩下的孩童不需要接种也会感染生痘，这些没有接种、生痘严重的人就会遭受真正的天花的折磨，进一步来说，成人接种人痘之后出现的症状要比12岁以下孩童们的症状严重得多。

在耐心等待理番府衙门回信期间，只要天气合适，我就会前往最近的山里做短途考察。这里即便不是整晚或者整个白天都在下雨，通常每天也会下几个小时的雨。对于整个西藏东部，特别是其南部地区来讲，夏至就意味着雨季的到来。连续好几日，天空都被乌云笼罩着，山谷里也有薄雾，这种天气很难绘图。我离开营地向南前往吃苦山隘口，从那里去攀登最近的山。我到达了比海拔4250米稍高一些的地方。这是一处平坦的山地，也就是山基，从这里逐渐形成了一列列的山峰，上面还分布着一堆堆的岩石块和一片片互不相连的积雪。我站在山基的一片草坪上，草长得很齐，整体有些倾斜，被一片片沼泽截断，布满一个个起伏的山丘。海拔4000米往下到海拔3700米左右，河谷底部变得开阔起来，比起马塘所在的地方，河谷显得更宽，地质上更脆弱一些。马塘所在的地方是河谷的狭窄处，居民们在那里愤愤地抱怨着冬天的寒冷和阳光的不足。从海拔3700米开始，大部分的河谷开始呈现出不同的特征，这与眼前由于湍急的河水冲刷而形成的深沟完全不同。我经常在河谷的较高处发现由谷底向上的阶梯构造，每一级阶梯都会同时让谷底变得更开阔。

台地富含云母，由灰绿色砂岩构成，整体来讲非常陡峭。中间是一条单独的石灰带，以北偏西40度到北偏西50度的走向构成了这里的岩床。当人们在海拔4200～4400米的高原上行走时，就像在黄河源头经过石英带和露头一样，这些石英和露头像锋利的刀尖从地表薄薄的碎石层中冒出来。以与岩床走向几乎呈直角的走向——北偏东20度，观察者们会发现在海拔高度相近且植被覆盖较少的地方有大量的裂缝和小断层线。这些裂缝的走向（北偏东10～20度）在西藏东部，在青藏高原朝向四川塌陷盆地的整个边缘地带，在六盘山—陇山（Liu pan schan-Lo schan）阶地边缘，在阿拉善（Alaschan）以及山西省的山脉中扮演着很重要的角色。西藏巨大的褶皱山脉在这样的裂缝中下沉，整个昆仑山脉都在向东沉降。断距在断裂边缘的一些地点是如此重要，我们可以借此看到"大地阶梯"的图景，比如在四川盆地边缘地带的大部分地区，均存在着完全没有被察觉的错动和断裂，在我看来，这些迹象似乎意味着昆仑山主干的巨大岩块基本上只是向东发生了弯曲，这也可以从北偏东20度走向的裂缝和冰川流中出现的小的横向裂缝的对比中看出。很多黄河最上游笔直延伸的河谷都是北偏东20度走向，马塘东边和整个金川非常多的河流和小溪也都是同样的走向，并与岩石层呈90度角，向岩石更深处侵蚀。

我在马塘一直等到7月15日，这么长的时间我的忍耐也到了极限。在这天早上我再也等不下去了，我像一只自由的鸟儿一样再次启程前往草地。之前，也就是在到达马塘后不久，我听说有两个衙门的差人从理番府出发带着一份和我的旅行相关的文书向梭磨城堡而来。所以我抱了极大的希望，但是6天过去了，我既没看到他们过来，也再没听到他们的消息，不知道他们偷偷溜到哪里去了。最近的几天中，我有一次在村子里碰到了梭磨土司的管家，他带给我一些新的消息——土司拒绝给我提供帮助，我只能像洮州的回族人那样，靠自己的力量继续旅行了。

除了巴尔甲以外，同行还有一位来自梭磨的人，他叫赞拉恰丹（Ts'an Rarschdan），另一位是来自马塘的黑水小伙子，年轻帅气，名叫杨色（Yangsen）。我们于7点离开营地，骑马经过马塘几栋房屋时，有一位来自河州（Ho tschou）的马姓穆斯林骑着一匹活跃的、壮实的小马加入我的队伍，当时我的队伍里有6匹马和5头骡子。向回走，过了那座古桥之后，沿着梭磨河河谷的右侧行进，然后是上坡，道路沿着河道蜿蜒而上，耳畔不时传来水流的声音。旅行开始的第一个小时内，河谷还比较狭窄，河道两侧长满了茂密的云杉树；到这里之后，道路才变得宽阔，路况也变好了，适合牦牛等驮畜行走。马塘的商人们关心他们的贸易活动，所以对这条路的保养特别上心。不久之后，我们接连遇到赶着200多头牦牛、带着毛皮等货品的商队从我们身旁快速经过。他们中有我在离开德格之后再也没遇到过的光着上身的草地居民。那些货物属于一个松潘的穆斯林。负责赶牲畜的人来自康干，是真正的果洛人。

两个小时之后，我们到达了小城喀尔郎（Karlang），那里有8座间距相等的房屋。左侧不远处就是十分简朴的本教寺院康玛尔寺（Kang mer gomba）。左边河岸的另一侧有一些院落和几亩麦田，另一段河岸上植被已经变得稀疏。河谷谷底渐渐变得更开阔，坡地越来越平，河谷一侧的树林也明显更矮了。河谷的海拔在3300米以下，由此开始就是牧民们居住的地方了。

自马塘出发之后三个小时，沿着河道右岸修筑的道路转移到了左岸。一座具有当地风格的桥在道路尽头河岸最高点的位置将两岸的道路连接起来。这座桥在今年夏季的暴雨中也未能幸免，桥北岸的基座被河水冲蚀。其充满艺术感的、由大石块和桩基相连构成的悬臂有些下垂，三根横跨河岸的云杉木也已经开始下滑，河水不断地将云杉木向下冲刷。根据之前的协议，由黑水人负责这座桥的修缮工作，就如同马塘桥是由马塘的商人们负责养护一样。20个黑水人在几个礼拜前就在桥附近的树林中搭设帐篷和简易房屋，并居住在里面，在打猎和痛饮拉基（Raki）酒的间隙慢慢开始对悬臂桥进行维修。他们砍伐树木，将其当作桥的大梁从桥头一侧推向另一侧。当我靠近这座桥时，修桥的人正等待着我。他们迅速将已经铺在桥上的新木板撤了下来，挥舞着长矛和铁剑让我交出15两银子的过桥税。我不想再得到一个家财万贯的名声，不然，某一天强盗团伙就会抢劫我的钱财，所以这次草地之行期间我不会施舍和支付某些费用。修桥的黑水人对于我的想法很不满意，他们只愿意将之前的要价降低1两，所以讨价还价的过程很激烈。与我同行的穆斯林旅伴的谈话技巧一点也派不上用场。直到几个小时后，在我们放下武器之后，修桥的人才同意我们只需支付2两银子。当我们付完过桥税，过桥前往对岸的时候，这些人在我眼前开始将行李放在马背上，向高处进发。这座桥彻底开放，对每个人来说都是坦途。这伙人中的头领在等待着戏弄我一番。马姓穆斯林商人微微一笑，对我说："他们要得到回家路上吃饭的钱，这是他们那里的习俗。"

第七章

从壤口到松潘厅

护法神拉姆

过桥之后不久我们就看见了第一顶帐篷。山谷在那里变得宽阔和绵软。茂盛的草丛覆盖着呈圆形的山坡，山坡并不比谷底高多少。在壤口^①（Zangskar）地区有一处由140户家庭组成、居住在帐篷中的族群。壤口分为上、中、下3处，大部分人口居住在距梭磨河上游河岸3天路程的地方。他们虽然是牧民，但因为拥有大片丰茂的草场，所以只需要很短距离的迁徙。夏季，他们会更换两次营地。冬季，他们住在距河右岸桥梁上游12千米的低矮的平顶木屋中。在马先生的陪同下，我于下午去探访了两顶牧民的帐篷。从很远的地方，我就被那两顶帐篷的尺寸和黑色整洁的外观吸引住了。当天很早的时候就开始下雨，在我们动身朝牧民那里行进的时候，就仿佛在天河里行走。居住在帐篷里的牧民会把魔鬼和潮湿联系起来。通过帐篷套的宽网眼，水滴从他们住所的所有拐角和边沿流下汇聚到一起。主人和客人一样，都用搭在肩膀上的毡衣来防水。壤口牧民搭建的这种帐篷的渗水性以及别的设置和其他藏式帐篷几乎没什么差别。牦牛毛织成的罩毯在距地面70厘米的地方充作帐篷顶，风可以特别容易地吹进来。在帐篷边缘和地面之间的空间堆放着柴火和干树枝。从帐篷入口到中间，垂直悬挂着一块羊毛织成的帘子，边缘还有一些坠饰，构成了一道分隔墙，墙左边是女士的住所，右边是男士和客人们的活动空间。帐篷中间是一些箱子和装糌粑

① 壤口，今阿坝州红原县壤口（译者注）。

的袋子。男士居所的佛堂上会放置经书，佛堂前会摆放一张低矮的宽桌子，上面放着供品，例如放在铜碗里的净水和青稞。与梭磨地区一样，炉灶也是在地上挖出一个坑，在上面放一个20磅重、铁质的三角炉架。像一个水槽一样，炉架上承载着一个烧茶用的大锅。这些器具都由青铜制成，里外上下一样，都雕刻着"卍"字和其他一些有象征意义的符号作为装饰。屋内摆件处处彰显着主人财力之盛，如用来存放酥油和糌粑的彩色木质容器、镶嵌着宝石的叉枪以及挂在帐篷侧柱上的女性头饰，它由栗色假发编织而成，辫子与十排红珊瑚珠交织在一起，四周还镶嵌着银饰和琥珀。

我们去的那顶帐篷里全是女人，男主人或者说这家的男士们在一个星期前就前往黑水购买面粉去了，平时只需五天时间，但是这次并没有按时返回。家里的女士们把我们招待得很好，她们和我们很愉快地闲聊。在我们造访的几个小时里，还来了一位尼姑，她要我预言在场的一位18岁的漂亮小姑娘将来是否会有孩子。再也没有比这更简单的事了！我经常观察人们如何去占卜，已经掌握了这门学问。随后，这个小姑娘不假思索地说出了她的生肖、出生年月和出生时间，接下来，在她满怀期待的目光中，我开始摩挲起念珠，仿佛我就是一位来自密宗寺院的、德高望重的喇嘛。充满善意的答复很快被说了出来，正如她自己所期望的，人们因此也对我十分满意。

壤口人说的是原始的牧民藏语，当然和青海湖地区的方言有很大区别。我认识的这几位女性朋友都能够听懂梭磨和金川方言。牧民藏语的边界是康玛尔寺和在西边不远处的大藏寺（Du tang gomba）以及绰斯甲布。卓克基以北、距其两天路程的格尔底寺（Gerdyi gomba）说的是高地藏语。只有金川河畔深谷之中的农田孕育了纯正的金川话。

几位女士带着明显的自豪感，絮絮叨叨地向我们讲述了不久前刚刚进行的往返拉萨的朝圣之旅。从家乡出发之前，她们卖掉了所有没法在康玛尔寺一个隐秘角落里存放的物品。20个家庭带着孩子，拖家带口，赶着牦牛出发了。这次行程她们花了整整两年的时间。年长一些的女士说道，"我们格外幸运"，"好几次我们都遇到了强盗的袭击，但只有一个人被枪杀，几头牦牛被劫走"。朝圣者们从这里出发，先经过阿坝地区，经一天的行程到达吾达（Wuta），那是一个据说特别繁荣的麝香交易市场。在那里有着大量低矮的灌木丛，是小型麝类最喜欢的生活环境。那里的麝香也会销往霍尔甘孜的市场。从吾达继续前进就是上昂欠（Hantsien Doba）。从那里出发，朝圣者们前往杂曲卡巴[①][Dsa tschü ka ba，也被称作萨曲卡瓦（Sächükawa）]，最后到达结古多[②]（Dscherku ndo），走上前往那曲卡[③]（Nag tschü ka）和拉萨的大路。性情温和的牧民更偏爱经过果洛地区草场的道路，但是朝圣者们在到达目的地之前从来不会走到海拔3300米以下的地方，这条路线也基本和西藏森林区北部边界相吻合。

7月16日，整晚都在下雨。帐篷的各个位置都在漏雨，而不再仅仅是从缝隙中漏雨，所有的东西都湿透了。铅笔没法在纸上划出痕迹，所有易受潮的东西都被雨水浸泡了。衣服、所有的床铺都湿了，整个身子上没有一处是干的。面饼也湿透了，那些没放到有内衬箱子里的东西都在滴水，好在早晨的温度是11度。整个白天都是雾蒙蒙的，积雨的云朵悬挂在天空，一直延伸到山谷中，最高温度达到了14度。我很讨厌这种潮湿的空气，但是巴尔甲却认为潮湿没太大影响。"这种雨远没有我们在南方碰到的那么大。现在是农历六月，七月和八月打箭炉的木雅（Menia，Minyag）的雨势会比这里大得多。到了九月那里才会变得干燥一些。"在我看来，这种气候在藏地实数少见。在偏北的地方雨季会结束得早一些。

新的一天继续行进（从上午七点到下午两点半），所看到的一直是起伏的山丘，还有一些一英尺高的牧草，长满了最漂亮的花朵。谷底平均300米宽，右侧偶尔会出现自成一体的乔木林带，大部分都像是突然长出来的一样。这片树林清晰的边界引起了我的思考，这种现象是如何

---

① 杂曲卡巴，今甘孜州石渠（译者注）。

② 结古多，今青海玉树结古（译者注）。

③ 那曲卡，今西藏那曲（译者注）。

产生的呢？用南坡和北坡不同的潮湿程度来解释这种现象是不够的。在我看来，更像是人为造成的火灾所致。和每个牧民一样，藏人牧民是所有森林的敌人。他们只认为草地是自己的，让大群牲畜在草地上活动。他们不顾后果地烧毁所遇到的森林，因为除了提供帐篷支架，森林对他们而言没有什么作用。对他们来说，最方便取用的燃料是牛粪。树木的主干上，哪一处被烧掉，就会有新的枝丫长出。牲畜群的存在使树木无法长到一般的高度，只能形成树丛，而不是树林。如此高海拔的青藏高原在有人类活动之前，大面积相互连接的原始森林的树木一定比今天更高大，也有着更潮湿的气候。谁看过楚隆曲（Tschürnong tschü）河岸旁的树木，谁发现过青海湖南山附近好似隐藏起来的峡谷中的冷杉，谁就会同意我的推测，可能在不远的过去，那里有大面积的森林，而今天则变成了辽阔的草原。正是人类自己毁灭了那些森林，最后只能作为"旁观者"忍受着残存的森林。

前往中壤口漫长的道路笔直地向西北延伸，一路上我仅看到三处帐篷聚集的营地，很少见到人。我们碰到的都是骑着牦牛、没有马匹随行的路人。我们按照当地的习俗，和一位坐在没有配置驮鞍的公牛背上的女士展开了一段长长的对话，从她那里我们了解到为什么在当地内部交通中大多使用驮牛。当我直接提出这个问题时，她笑了起来："你骑在马背上前进，那你必须装备很好的武器，或者和很多人同行。那些偷走马匹的人，第二天一早就已经跑到山的另一边了；如果是牛被偷走，那一天之内也走不了太远，人们几天之内就能把牛抢回来。"目前，人们最害怕的是那些采药材的人。每年有380个这样的人经过马塘进入梭磨河河谷上游地带。

中壤口是一处有60顶帐篷的居民点，在这里我遇到了一个穆斯林商人，他准备前往果洛仁钦桑（ngGolokh-Rentsin hsiang）。因为强降雨导致河水暴涨，他无法将携带的放在四方形筐子中的大量茶叶运过河。他不耐烦地晃动着手指，紧张地转动着两个健身球，一会儿转到左边，一会儿转到右边。"他们在阿坝已经开始剪羊毛了"，他整夜都在不停地向我抱怨，"对我来说，这是非常时刻，去上果洛和仁钦桑用茶叶作为下一年的预付金交给当地人。我的竞争对手从阿什羌出发也赶往那里，照目前的形势，他会获得下一年的羊毛，我只能在整个冬天都徒劳无功地待在寒冷的果洛地区。"即使有这里最著名的商人做介绍人，我也没有得到护送队伍。一开始有两个人找我，如果我支付100两银子向导费的话，他们承诺陪我走四天到毛儿盖①（Merge）。但他们没有得到批准，因为在我之后梭磨土司也来了，他要为他年轻的夫人介绍他所管辖的土地。

离开中壤口之后，山谷变得更平坦了，宽阔的谷底两侧的山坡开始平缓地抬升。清澈的小溪蜿蜒流淌，两侧绿油油的草地、灌木丛和湛蓝的天空交相呼应，令人陶醉其中。在这样的草原中漫步真是一种享受。动物们在这里也能得到很好的休养，但是路途变得让人害怕。途中没有一顶帐篷，也碰不到一个人，只有一只瞪羚一度跳到我面前。高原上的沼泽是今天才碰到的，一团团蚊子绕着我们飞舞，发出嗡嗡的声响。当我们在12点半绕过一片桤木丛的时候，远处沉闷的敲鼓声传入耳中，像日耳曼人在阅兵时发出的阵阵回响一般，上壤口②出现在眼前。40顶黑色的帐篷环绕着一顶高高耸起的白色蒙古包，蒙古包前面是一条长长的路，蒙古包旁边两根祈祷用的长杆直插天际。这些帐篷组成的村落沉睡在正午的暖阳中。除了白色蒙古包中传出的诵经敲鼓的声音外，其他一切都是安静的。在更广阔的范围内，牲畜们正趴在地上反刍食物。此时，我们如同炸雷一般，突然闯进了宁静的乡村生活，转瞬之间眼前出现的就是当时在果洛的图景。我们似乎惊扰了一个小蚂蚁国的日常生活，忽然有人从低矮的黑色帐篷里钻出来，牲畜受惊四处奔走，骑马的人将它们赶到一起。两名骑手来到打扰他们宁静生活的人面前，想要搞清楚我们的人数和来意。

上壤口处于最高封君梭磨土司的管辖之下。在白色的大蒙古包里住着格西仁波切（Gedchi Rembodyi），他的举止好像一位百户，是一位

---

① 毛儿盖，今松潘县境内（译者注）。

② 上壤口，今红原县龙日（译者注）。

略微显胖的宗教界人士，这里的人都称他为帕他喇嘛（P'an da lama）。在把行李卸下来之后，我给他带来了礼物：一些布料和真正的雪山鼻烟，上面是一条哈达。他戴着一个用黑色的马鬃做的大眼罩招呼我坐下，并向我寻求一种方法来治疗他发炎的眼睛，他看起来像是患了花粉热。虽然是草地的首领，但得了花粉热之后他的乐趣自然减少了很多。我简单地对他的眼睛进行了治疗，并推荐了一条路途漫长的前往青海湖湖心岛的朝圣之路。当我提出需要前往松潘厅的向导和武装护卫的时候，他对我比较敷衍。他也已经得到通报，梭磨首领即将到来，据说卓克基、梭磨和阿坝之间有矛盾。他说，他现在没办法让人离开这里。梭磨首领要从这里前往阿坝麦桑，也就是中阿坝，从上壤口出发需要三天的时间，所以他必须指派一支强大的护卫队。因为这片土地并不安全，所以战士们还得守护帐篷和牲畜群。

我们的营地在水流量日益减小的梭磨河上方30米处，海拔3720米。伴随着暖暖的阳光，两点左右气温达到了一天中最高的15度。我从白色蒙古包中回来之后，被帕他喇嘛的下属们团团围住。此前，他们从未见过白种人。他们所有人最喜欢的就是一个接一个地来触摸我的身体，尤其是鼻子和膝盖。在整个东部藏地盛行这样一种观点，欧洲人是没有膝盖骨的。我的蔡司望远镜是他们最感兴趣的，当他们用望远镜发现了很远处的一只羚羊和一只黄鼠狼后，就开始争夺望远镜的使用权，夸赞之声更是不绝于耳。他们还带来病人让我医治，一位肺部有炎症，另外一位来自吾达，他曾在我们进入这个村落之前所经过的桤木丛里受到袭击，一些骑马的强盗夺走了他的财物，还砍断了他的脚筋。

在这个偏僻的地方我甚至还碰到了一位穆斯林商人，他支付了预付款之后，购买了这里所有的毛皮。他把我当成来自内地的欧洲传教士，十分喜悦地表示又遇到了一位有教养的人。他宰了一只羊来表达对我的尊敬，并邀请我晚上去他的帐篷里坐坐，那里有一位年轻的藏人妇女操持家务。

我发现在上壤口放养的小型牲畜数量非常少，而且我的朋友告诉我这里也没有流行病。在整个壤口只有很少的绵羊，几乎没有山羊。人们告诉我，冬季，或者更确切地说，春天的大雪是其主要原因。这里虽受季风的影响草场茂盛，但是大雪使得定居人口很少。这里的人梦想去北部或是青海湖附近地区的草原，因为那里的降雪比较少，小牲畜可以更好更容易地活下来。就阿坝地区而言，那里没有什么田地，养小牲畜的资源也很匮乏。一个真正的原因是，藏人不懂如何合理地经营畜牧业，他们只是在深秋草已经开始枯黄的时候为自己喜欢的马匹收割存储一些草料，却从未像欧洲人那样储备草料。当春季强降雪到来，大雪在地面上堆积14天左右，那些绵羊就只有死路一条。

7月18日，一场真正的青藏高原特有的大雨夹杂着冰雹粒和潮湿的雪花从天而降，我很乐意再等一天。我几乎想放弃前往松潘厅和洮州的计划，转而直接北上。根据很多相关的材料，我如果向东前往松潘厅，要走三天的路才能见到第一个村落的第一幢房子，从那里开始还要两天的路程才能到达松潘城。但是向北离开上壤口后，我只需要走五天的路程就能到达唐克和黄河，从那里再经过五天时间就可到达洮州城。在壤口和唐克之间我只需要穿过齐恰玛（Tschirchama）地区，这个地区处在松潘厅的势力范围内，其领地一般在黄河右岸，有些地方会包括黄河左岸。我看着地图，自然对这些报告产生了质疑。当我离开梭磨之后向北行进，在五天之内就会看到黄河，可是在地图上从我所处的位置向西北方向看去，黄河又在哪里呢？我按捺不住无比激动的心情，在所有地方寻找这个谜题的答案，然而茶叶商人让我的犹豫不决很快结束。带着我的三个人向北通过盗匪横行的区域是不可能的。虽然经过毛儿盖前往松潘的道路也有很多潜在的危险，但人们还是有可能不引起别人注意，从而在安全的情况下悄悄通过。所以我下定决心前往毛儿盖，在那里为接下来的旅程寻找同伴。

7月19日傍晚，巴尔甲从帕他喇嘛的帐篷带回来一些消息，我决定从他那里找一个向导前往毛儿盖。早晨动身之前，我又打发他去喇嘛的帐篷询问关于向导的事情，得到的答复是，向导已经上路，正在下一座山后面等我们，因为他要在那里处理一起野狼袭击事件。我当然不相信这些话，但巴尔甲十分善良，他深信一个观点，那就是藏人不怎么说谎，于是我决定出发。当然，在山的后面没有人等我们再返回的话就十分丢人了，所以我们只能独自经过那些地势较深的山谷盆地，越过相对高度100米的山丘，最后到达我们下一个目的地———一处山脉鞍部上。

突然，我们在所经过的众多洼地中惊讶地发现了一个很大的营地，有200多人，包括男人和女人，他们正在做早饭。他们用零零碎碎的东西搭建帐篷，距地面还不到一米。放眼望去，除了一只毛发很乱的狗想要把我们撕碎之外，没有其他牲畜，所有的东西看起来都如此脏乱，以至于吉普赛人的棚户区若和这里相比都可以被称作皇帝的宫殿。我们队里的马塘人说道："这是黑水和杂谷脑采药人的营地，他们来草原的时候什么都不带，因为他们一无所有。"这些人只有两杆火枪，另外就是长矛和弹弓用来防御。为了战胜饥饿，他们带着几袋面粉，这是山谷中的汉商们作为预付款提前给他们的。他们在这个营地已经两个月了，在采挖所有能够入药的植物根茎。他们每天的收入大概为2～3钱银子，最好的情况下能得到7钱银子。600克贝母［Be mu。高地藏语：嘎洛（Garlo）］需要采集3000～4000株白色的独蒜兰根茎，这些根茎要被一颗一颗挖出来。在马塘和理番，一株独蒜兰可以卖到2两银子，它们可以用来烹制一道十分美味的中式菜肴。

从一处道路旁的山岗开始，壮美的景色让人眼前一亮。我们向遥远的南方和西南方望去，就要跟黑色巍峨的梭磨山和它那无数座高耸入云的山峰说再见了，这些山峰由绿色的页岩砂岩构成，高度超过5000米。从马塘地区开始，这些山峰向西北方向延伸，直到距我们80～100千米的地方。显现出的迹象表明，它们大部分可能会继续以东西走向朝西藏延伸。这是中国地貌中巴颜喀拉山（Ba yen ka la schan）最东边的部分。向北一望无际的地方是由无数山丘、河谷平原和小型山垅构成的绿色的混合地貌。在晴天，向远处望去，会发现那边的山海拔不超过4400米。这片高原草木茂盛，高原之上的地貌是一块一块的丘陵，高原则起到分水岭的作用。正如同我在之前的旅行中观察到的，这片区域向西海拔高度逐渐缓慢升高，以致最终在和柯玛附近最深的河谷底部也有4200～4300米高，山峰高度在4600～4700米。那片土地是自由、粗犷的

上壤口（梭磨）花岗岩大山谷状的冰斗（我认为，冰斗是由冰蚀作用形成的圆形剧场形状的山谷）

果洛人和他们那数不尽的牦牛的故乡。

我后背朝向的东方，靠近内地的地方有一些较高的山脉。那里的花岗岩露出地面，构成了一系列海拔接近5000米的高山。在这些坚硬的花岗岩上很难辨认出冰川的痕迹。在那里，所有山谷都有宽阔的槽地特征，所有山谷的开端部分都能看出古老的冰川底。在上壤口帐篷组成的村子周围的草地上还残留有源自于东方高山的冰川漂砾。

这次旅程中，我们再一次碰到了通行条件糟糕的沼泽，道路也很难辨识，更远处的道路根本无法辨认。在踏入泥泞的沼泽已精疲力竭之际，又遭遇了石海。石头之间有着深浅不一的缝隙，对于人和牲畜的脚都是很大的威胁。队伍在下午就已经人困马乏，疲惫不堪，只能待在山坡的一处纳卡①（Naka）地上。

7月20日的晚上我没有睡多久，我得提防那些采药人夜里来到我这

① 纳卡，指有森林的地方（译者注）。

里，根据我的经验，他们常常在两个时间段出现，即刚刚入夜，或者是午夜时分，当月亮渐渐隐入山岗之后。

我坐在帐篷口有些痉挛的感觉，思绪已经飞得很遥远，飞过整个亚洲，直到我的家乡。我已经很久没有那里的消息了，也没有报纸可看。燥热的微风时不时吹拂着我，马匹伴随着它们脚上的绳子发出嘎嘎的声音，好像它们是被链子连起来的囚犯一样。一只夜莺让我从思绪中清醒过来，紧接着又陷入孤独之中。不知哪里的小鸟醒了，充满恐惧地叫了两遍、三遍。然后一个半小时的时间里，只能听到微风吹拂沙砾的声音。我确信，我能看到和白天一样远的地方。多么清亮的山谷啊！皎洁的月光洒满大地，我脚下方的无数个小水池闪烁着光芒。在这寂静的时刻，那平整得像是被打磨过的花岗岩也不想让我的想象停下来——我仿佛一次又一次地看到大山在无声地舞蹈。

最后，明净的月亮终于沉了下去。团团浓雾从西边向我所在的山谷飘了过来，在很短的时间里我们就进入了最黑暗的午夜。此时我更加紧张，秉息凝神地听着周围的动静。

我一次又一次地擦亮眼睛，好让我能够在迷雾中看得更远。不久之后，我不安的思绪又活跃起来，想到了将来，又想到过去。这时，老奇莫①（Tschimo）出现了，之前它紧挨着我缩成一团发出鼾声，现在它在山谷中到处闻闻嗅嗅，迈着悠闲的步伐向前走着，以确保周围的安全，并悄无声息地消失在我的视线里。我多希望狗能够讲话啊！它可以闻到任何一个地方是否有野生动物！一只慢慢行进的狼可能正把一群羚羊赶到山谷中。现在尼赫（Neh'ere）来找我了。它想要讨好我，舔我的手，每个夜晚它都会这么做，接下来它就追随着奇莫响亮的犬吠声跑向山谷。在我面前100米的地方有两个较大的水池，可以听到噼啪声从那里传来，就像一个沉重的躯体入水时所发出的声响，但是这个方向一片漆黑，没有一点亮光。我迅速开了三枪预警，这只是一种警告，同时表达出一种态度："我正在防御。"下面的水池边，在嗷嗷的犬吠声

---

① 奇莫，作者养的两只狗之一，另外一只叫尼赫（译者注）。

中我听到清晰的声音，那是在泥泞的地方奔跑时所发出的，我听到了几句汉语的脏话。不久之后，又是一片死寂，直到拂晓时分我才起身返回营地。那里的海拔是4390米，位于400～500米高、光秃秃的花岗岩险地之间。

从这个山鞍开始向东北是花岗岩构成的巨大冰川谷地，冰川谷有30千米长。由周围的花岗岩山发育而来的侧谷在距主河谷谷底150米的位置突然到了终点，所有侧谷中流淌的溪流都流向了冰川谷壁旁平坦狭长的槽沟里。在山坡上，在宽阔的山谷谷底中，圆圆的花岗岩组成大面积的石海，从沼泽地走出后，我们就一头扎进了石海，这让队伍的行进举步维艰。牲畜不断被卡住或是从圆滚滚的石头上滑下来卡在石缝中，我们不得不把牲畜背上的行李卸下来，脱离困境之后再重新把行李放在牲畜的身上，每次还没走一刻钟就得重复这一动作。我们发现这里几乎没有人类活动的痕迹，看来很少有人来到这里。土拨鼠和兔子在这里大量繁衍，还有长得又高又茂盛的草以及一片片落叶松树林。

7月21日，树林变得更加茂密。当我们到达海拔3700米以下的时候，山谷谷底开始变窄，大量高大的云杉组成的原始森林让人难以穿行。在海拔3600米左右，我们来到了北偏西70度走向的一个砂岩堆，在这里我们踏入了林中的草地，不久之后还碰到了4顶黑色的帐篷。这里的道路是被很多人踩出来的，一直延伸下去，直到下午3点我们才看到了毛儿盖的第一栋房子。冷杉树之间种植着青稞、燕麦和土豆，两层高的房屋，房顶上覆盖着木瓦和长满苔藓的石头，让人不由得想到了祥和的瑞士风景。湍急的溪流位于海拔3450米高的地方，上面架设了两座宽木桥。牲畜圈场和人们家里养的猪更加营造出一幅家园的图景。在一处山谷间阶地上的林间空地，我们搭好了帐篷。

不久之后，第一个拜访者就出现了，他自称是前方一片居民点的居民，和我们一起喝茶，并信誓旦旦地保证整个毛儿盖没有强盗，也没有小偷，我们可以放心地把牲畜整夜放到外面吃草。他走后我们检查牲畜，发现我最好的马不见了，经过数小时的搜寻，我们发现马掌印指向的方向正是这位拜访者离去的方向。但是因为夜色已经降临，而且我们意识到遭遇的是一个狡猾的马贼，所以不得不停止追踪。马蹄的痕迹横横竖竖十分杂乱，而且这个马贼巧妙地躲过了所有那些能留下清晰马掌印的泥泞地。

　　伴随着第二天的第一缕阳光，我们坐在火堆旁商量是否继续追踪并寻找丢失的马匹。最近的树丛附近突然响起了咔嚓声，昨天的不速之客再次出现在我们面前。他牵着他的老马，一匹瘦弱的母马，在我们还没有开口邀请的情况下，就直接坐下来开始喝早茶。当我们提到昨天丢失的马匹时，他热心地说道，那匹马肯定是在森林中茂密的灌木丛里迷路了，我们应该再好好找找。为此，我派出了三名队员再次展开搜寻。在他翻身上马即将离开的同时，我进入帐篷拿取工具，紧接着我快速走出

毛儿盖西边波沃山谷中的松树林

来，以便继续看护营地，并确保安全。我看到我们"正直忠实"的客人正牵着我们的一匹马即将消失在一片树丛后面，像昨天一样如此轻松，今天不能再让他得逞了。我迅速追上了他，把马夺了回来，再一把将他从马上拽了下来，并强迫他返回了营地。在我和这个骗子面对面交谈一个小时之后，我的三名队员终于回来了，当然他们一无所获。在梭磨加入队伍的两个小伙子之一的赞拉恰丹以我的名义告知这个盗贼，他必须和我前往毛儿盖的寺院，承担今天偷窃行为所造成的后果，同时要对我失窃的马匹有一个解释。然后我们收拾行囊，这位讨人嫌的客人在帮我把行李放在牲畜背上时倒显得很热心，我们接下来向东北前进，走上几里地就能到达寺院。

道路在茂密的绿色灌木丛中穿行。在离开营地1000米左右的位置，道路偏离了河谷。河水在陡峭的山壁之间转而向东流入了一处好像被切割出来的棱角分明的嶂谷。接下来在远方又有一条发源于东北的支流汇入，最终，这条河消失在东南方向。我们则继续保持向东北方向前进，必须在密林之中翻越海拔3600米的山脊。我的精力都放在了对道路和蜿蜒曲折的小峡谷的测绘上，队员们则全力应付驮畜。因此，对骗子来说，这是一个很容易利用的机会，可以骑着他的老马消失在丛林中。因为我们把这匹老马和其他牲畜拴在了一起，它正在安静地随队行进，所以我的同伴们现在相信，借助这匹马，我们可以从第一个善良诚实的毛儿盖村民那里知道马主人的名字，还可以把这个骗子送官治罪。我也希望这样。

在茂密的树林中测绘道路是很困难的。在向同一个方向继续前进的时候，我们碰到了一条从东北延伸过来的河谷，河谷左右两侧是无数的山峰和岩角，海拔达到4000米。测绘工作经常需要我停下来，我因此落在队伍后面走了很长一段路。沉浸于记录之中，让我行进得特别慢。正在这时，突然有六七个藏人从一棵树后面跳了出来袭击我。从树丛所在的田埂那里发出了噼噼啪啪的声音，同时一阵石头雨朝我和我的马袭来。我身上四个位置被飞石击中，鲜血从额头流下来，我的眼前变得模糊不清。出于本能，我快速地将路线图装了起来，紧紧拽住马缰绳，握紧了武器，经过连续几个强有力的跳跃，我骑着马飞奔追赶上了大部队，他们在茂密的灌木丛中被几十个人团团围住。雪亮的剑锋和矛尖在阳光下闪烁，一声震耳欲聋的叫喊声甚至盖过了旁边奔腾河水的咆哮声。这时狗群开始狂吠，还有枪声。一瞬间，我看到前后有很多藏式叉枪的枪口对准了我，一切都像万花筒一样发生得如此突然。牲畜被赶着经过一座桥，但大部分失去了控制。我看见在很远的地方，两个来自梭磨的小伙子跪在地上不停地叩头。一瞥之下，我相信我看到了巴尔甲。他在马上摇摇晃晃，手中拿着武器，正在奋起反击，事后他告诉我说他开了几枪。我自己没有马上射击，而是大喊："你们的主人帕他喇嘛，我是作为他的朋友来到这里的。""管事的官人'本'（Bon）在哪里？""你们想要什么？""这是要做什么？"只有寒光闪烁的刀口回应了我，而我用手枪挡了回去。紧接着我的背部遭到了强劲一击，我的马也从后面被刺中了。巴尔甲纵马突进，并朝我大喊："先生，快跑！别还击了！赶紧躲到寺院去！"三个跃身之后，我们两个人冲出了袭击者的包围圈。跑到丛林外，我们停在了一个看上去秀丽友善的村落中。这里有十几栋房屋，都是两层小楼，房顶上铺着木瓦，就像是我家乡黑森林中相距较远的小村落。这个地方面积很大，覆盖了整个河谷的北侧。每个院落都坐落在主人家自己的田地中。

当我们逃到丛林之外的时候，就立即把马停了下来。袭击者并没有继续追赶我们，他们满足于刚刚的抢掠，并将牲畜都牵到了河岸另一侧的一间房子里，我的两个仆人一直在队伍中哀求着袭击者。所有这一切都发生在距我特别近的地方，所以很容易盯住每一个袭击者。但是为什么这个族群要通过流血的方式来对我们进行复仇和追捕呢？我的手枪在格挡的时候被砍坏了，刀也卷了刃。

我们试图寻找百户所在的毛儿盖寺院，但是这个地方仿佛没有尽头，几个小时都还没有走到头。我们骑着马一步一步走着，不久我们发现，河谷地势较低处的居民讨厌我们，他们发出了预警，还召集了很多人，而地势较高处的居民对我们比较欢迎。我们经过了近300个院落之后，终于看到了寺院。四个僧人蹲坐在寺门前沉思，手里还转动着念珠。妇女们绕着一间祈祷室，推动周围涂满油脂的皮滚筒。这是一处格鲁派寺院，给人一种比较贫穷的印象，和这个地方的面积与显而易见的富裕并不相称。

我们与寺门口的僧侣寒暄了一会，得知住持已前往拉卜楞寺（Labrang gomba）和塔尔寺（Gum bum）游历，至少还得一个月才能回来。僧侣们到拉卜楞寺骑马要15~16天时间。巴尔甲给了一个僧侣一份小礼物之后，我们通过一扇矮门来到了寺庙内部，在一处摇摇欲坠的佛殿内，我们找到了大管家，也就是主管人①。我们向他表明了我们现在的境况，还递上了护照和帕他喇嘛的介绍信，很幸运的是我之前将护照和推荐信装在了口袋里，而不是放在任意一个箱子里。大管家身材魁梧，嘴上的胡子剪成弧形，十分漂亮。他认为我们遇到的事情并不是一个大问题，他很自豪地告诉我们："我们毛儿盖人不是强盗。我们都是松潘厅治下听话的孩子。"如果那些袭击者是毛儿盖寺庙中人，我在今天晚上也许就可以见到我的行李和财物。当然，山谷中还有一些世俗之人，他们不听寺庙的命令，而是听命于博偞子（Bo lo tse）。

毛儿盖的森林

在短暂的思考之后，大管家派了一名骑手陪我们前行。在他的陪同下，我们花了两个小时返回河谷地势较低的地区。他手里拿着一束有些破旧的红色马毛，作为此次任务的标志，一路上都显现出很好的效果。他也

---

① 藏语为"倾则"（bTschang dsod），汉语为"三老爷"，是寺庙中的财政长官。他的职责是欢迎那些高贵的客人，并带他们到处转转。

为即将获得的小费而高兴。在他看来，河谷地势较低地区的人都喜欢当强盗，而地势较高的地区、寺庙周围住着的都是一些诚实守信的人。走到离我们遇袭的丛林不远处的桥旁，就是下毛儿盖达若（Mergedarro）的房子。我们走了这么远，同行的骑手脸色也变得越来越充满疑虑。他认为自己独自前去谈判比较好，让我们在达若的房子里等待，在这里，除了一位半个耳朵被砍掉的老仆之外，没有其他人居住。骑手自己过了桥，去往劫匪所在的那处院落。

我们的谈判者返回时已经是夜里了，我和巴尔甲在第一层大厅里安逸地坐着，大厅中间的三脚铁架上放着一个铜炉。一个男仆和一个女仆卖给我们茶和糌粑，并为我们点燃了火把照明，这能让整个空间亮一点。白天厨房就是半黑暗状态，因为那里只有三个作为孔眼使用的不大的"窗"。这种设置又让烟在晚上很难散出去，因为并没有其他的排气装置。

当我们的谈判员、达若的奴仆以及两个年纪比较大的人进入一楼大厅时，已经9点了。人们坐在地上，视线可以穿透厚厚的雾气，看清楚一定距离以外的人的面孔。这四位新来的人进来之后，没有跟我们打声招呼就很快地坐在了火塘旁边。他们将腰带上的刀解下来，放在身旁的地面上，以便能坐得更舒服。肥胖的身躯将大衣压出了好几个褶子。他们找到碗，喝着茶，揉捏着糌粑，发出吱吱的声音。然后他们从衣服里掏出了烟斗，从绣花口袋里面拿出烟草，又拿出一小撮燃料将烟草点燃，抽了几口之后，把烟斗在靴子上敲一敲，将烧完的烟草倒出来，再填满新的烟草。最后，终于开始说话了，确切地说，有黑水话，博保子话，最后是金川话，没有人说汉语。只有来自寺庙的骑手才说高地藏语，不过也是结结巴巴的，谈判也因此变得十分困难。巴尔甲不会黑水话，他讲的金川话也只有那个老仆能听懂。

老者首先用黑水话谨慎而又明智地讲了起来，他的话中带着很多谚语，说到了他先祖的历史和习惯，然后顺势承认发生的事情是一件有些糟糕的大事。他的黑水话由老仆翻译成金川话，再由巴尔甲翻译成汉语。这些话表明，正如我所推测的那样，正是我们在毛儿盖的熟人曲多

（Tschumdu）挑唆那些青年人，那些青年人想都没想就对我发起了攻击，着实让我措手不及。"在你过来之前，你的东西就已经在他们手里了。你试图通过寺庙让他们伏法是没有什么用的，就像雨已经停了，你才去买伞。""谁拿走了，就是谁的"，这是他的口头禅。

"我们年轻的战士，他们拿着你的东西，并不打算还给你。他们人多势众，不好对付，而你们只有两个人。"

"你有帕他喇嘛的信，但是我们才不理会这个东西。这里的人都知道，就在不久之前，松潘厅的大人（dia ner）杀了400多个外国人和基督徒。你们外国人就不允许来这里旅行，我们也不需要归还你任何东西。"

这次会谈没有达成一致，他们决定在达若回来之前什么都不做，什么都不会还给我。我提出了达若到底在哪里的问题，也没有得到确切的答复。第二天，我一直和达若屋子里的两个奴仆待在一起，他们是两个呆头呆脑的人。从屋子的阳台上，我可以看到河对岸的草坪，我的牲畜都在那里吃草，附近的一间屋子里不断有人进进出出。在三个地方架着火堆，上面是茶壶，那里有人唱歌，我的众多敌人正沉浸在快乐和喜悦中，没有一个人注意到我。但是当我显露出想要过河的表情时，距离我最近的那个人就会拿起枪对准我。

下午我才第一次见到了我在梭磨雇佣的两个仆人之一。杨色自发地来找我，他告诉我，我的箱子都没有被破坏，因为他们对里面的东西比较疑惑，只是把我携带的食物都吃完了，并想着将那些牲畜瓜分了。他很忠心地说："如果你想继续旅行，你要小心松潘厅。他们杀了所有的基督徒，在中国没有基督徒能够活下来。"

一整天都有人来拜访我，每个人都想在更近的距离观察我。关于达若我则了解到很多自相矛盾的流言。一个人说，他来了，他已经在那里了；另外一个人说，人们会去接他；第三个人则表示，可能会有人去接他。这些年轻人组成了队伍，感觉已经是这个地方的霸主。对于他们来讲，只有达若回来之后才能消停一些。据我观察，他们现在还完全没有认真考虑派出代表继续商谈的事，他们一直在庆祝。寺庙的那位谈判员也悄悄地溜走了，并告诉巴尔甲，这些人不听寺庙的指挥。

7月24日，太阳升起，住在达若房子里的人也同时起床。在鸡叫第二遍的时候，女仆生起了火。等到天色渐亮，她就前往附近的林子里捡拾今天所需的薪柴，中途她会很快地去挤奶，而奶牛一般整晚都在圈中。从她今天出门后带回来的消息判断，还是没有人去达若那里报信。达若住在哪里我也无从知晓。我了解到，达若只是在收税的时候才回到毛儿盖一两次。因此，在这间房子里继续待下去也没有什么必要。我们在6点钟备好马鞍，骑着我们的两匹马前往寺庙，直到此时，也没有人来这间房子给我新消息。在寺庙中，我们找到一个汉人李丁（Li ding），他在距毛儿盖不远的地方被阿坝人抢走了最后的财产，所以破产了。他现在住在一间油腻的小屋中，通过小买卖和施舍勉强度日。他知道山谷地势较低地区的人对我们不太友善，便很直接地劝我不要停留，直接前往松潘厅。他听说，昨天在狂欢酒宴上有人商议着要杀掉我，因为这么做就可以瓜分所劫财物。我们对这位友善的李丁说，需要再"商量"①（schang leang）一下，会继续留在寺中。和他道别之后，我们马上前往最近的树丛中，并沿着河骑马小跑，一直向山谷地势较高的地方前进，直到我们看到了几顶黑色帐篷，它们是属于听从寺庙命令的毛儿盖人的。

中午的时候我们进入帐篷内，想要得到在炉火旁烘烤面饼的许可。男女主人在我们身边坐了一个多小时，一直好奇地看巴尔甲是如何在我的帮助下把生面团揉成圆圈状，并在灰烬里烘烤的。没有人注意到我们，没有人把我们当作外国人。对于帐篷主人的好客，我们给了他们还热着的面饼，在午茶时间分食，然后继续骑马赶路。

这里山谷的地貌再次变得平坦（海拔3300米以上）。最近的山勉强高出宽阔的有溪流经过的土地200～300米，山上到处都是因驱赶牲畜而踩出的道路，而大地上则布满了青草和桤木。我们顺着一条宽阔的大道前进，只为了赶往松潘厅。我们在最后一处毛儿盖帐篷营地拐弯向东，通过茂盛的森林到达了3700米处的拉则，在这里视野特别开阔。南

---

① 商量，指谈判（译者注）。

边和北边一样，一列列的山峰有4100～4200米高，毛儿盖帐篷营地所在的盆地之上，向外是一波又一波覆盖着草地的山脊。从拉则向东南是一个山谷，大量茂密、深色的冷杉树布满了山谷，一直延伸到我们所在的位置。

拉则旁边是一个由石头和草皮建成的祭台，我们到达这里的时候，刺柏树叶点燃之后冒出的烟缓缓升起，原来是一个僧人在这里点燃祭品。我们在很远的地方就看到他骑在一匹没有配马鞍的小马上朝着祭台而行，他似乎并不信任我们两个陌生人。巴尔甲在他所在的位置朝着祭台跪拜，并添加了一些新的刺柏树的树枝，他大喊着"啊呵洛沃！啊呵洛沃！"（I holoo-o！I holoo-o！）以求得当地神灵的护佑。在进入遍布森林的山谷之前，我们用了一个小时让马匹在山坡上吃草，同时很警觉地向远方瞭望，看是否有毛儿盖的强盗追踪至此。

晚上7点，我们接近了森林中一片开垦过的田地。在道路的中央，有一柄一步长的三棱刀、几栋擦擦式的房屋和一种少见的鼓点节奏告诉我，我们来到了本教信仰区。这里是卡龙（Karlong，海拔3150米）[①]，有100多户人家，只有农民拥有少量的牲畜。就像在其他本教信仰地区一样，这里可以看到直径0.5米的线编星星挂在树上，在之前经过的拉则的木杆长矛上也悬挂着这样的东西，是用来安抚天神和土地神的。在薄薄的木十字尾端之上是绿色、红色、白色和蓝色的线编织成的方形、三角形和六角形的网套，它们叠在一起，是由一名本教僧侣根据古老的咒术书上的条目，在持续祈求、祷告、吹气的同时，以一种完全特定的顺序联结起来的。[②]

---

① 卡龙，阿坝州黑水县境内（译者注）。

② 瓦德尔（Waddell）1899年在伦敦发表的《西藏的佛教》第485页的内容描写过相似的星星形状，这些描写吹散了关于本教护身符的流言。瓦德尔认为这些物件是用来阻止大地恶魔和天恶魔的，实物存放于柏林民族博物馆东亚分区。这些物件也属于本教信仰物。如同瓦德尔所述，这些星星与羊头联系在一起，用来召唤所有大地之神的母亲（也就是对所有"阴"进行召唤，对应八卦中"坤"卦）；将星星与狗头联系起来，召唤天神之父（也就是对所有的"阳"进行召唤，对应八卦中的"乾"卦）。

插着长矛和箭矢的拉则，用来抵抗冰雹的侵袭（在卡龙北）

我们本想着在这里过夜，特别是经过12个小时的奔波之后，我们的马匹需要休息。可是收留我们的家庭妇女告诉我们，对于人数众多的大型商队，从卡龙到松潘厅这段路是没有危险的，但如果只有两个人，在大白天走这段路实在是太冒险了。在毛儿盖，李丁也警告过我，再加上由于在马塘时，那里的人没有什么兴趣陪我走卡龙到松潘这段路，我最后临时决定当晚继续赶路。

我们在陡峭的地势中、在蜿蜒曲折的道路上行进。离开卡龙不久就来到了山上，在黑暗中我们只能摸索前进。在海拔3600米的地方我们离开了森林，在海拔3800米的地方我们来到了一条宽阔的大路上，从那里开始，道路在高度没有太大变化的山坡上向远处延伸。午夜之前，我的白马彻底累瘫了，它拒绝继续前行，还把腿向前伸着，阻止我们前进，我们不得不停下来在道路上休息了15分钟。从那里开始，我们的行进速度变得像蜗牛一样缓慢。巴尔甲在前面拽着马缰绳，而我在后面不停地用鞭子抽打，好让它们行进。它们好像每走一步都想停下来。我们最多一次连续走了15分钟。在这个时间段之后，这样的休息就没有效果了。两匹马将脖子伸得长长的，把尾巴夹在两腿之间，僵硬地站在那里，像是脚下生根了一样。它们是如此的疲惫，仿佛马上就会倒在地上。午夜两点左右，巴尔甲的精力也已经耗尽了，他一下子完全瘫倒在大路上。堆积如山的倒霉事和不幸一下子迸发出来，他疲惫到了极限，抽泣起来，不想再赶路，他想睡觉，只想睡觉。我费了好大的劲劝说，当然还包括狠狠地抽打了两匹马之后，终于让这三个家伙再次启程。在这里停留当然是完全不可行的，谁能保证我们睡着了之后不会被人发现呢？在每个拐弯的地方，我都徒劳地希望能有一片树林，那样的话，我们就可以藏匿其中。

凌晨4点钟，道路开始向下方延伸，我们终于找到了一片林区。我没有放松警惕，牵着马匹向林子深处又走了100多步，在躺下之前我还在四个马蹄上又缠了一圈缰绳。已经累得无法动弹的巴尔甲早就睁不开眼睛了，而我在最近处的杜鹃花丛中躺下。半个小时之前这里下了冰冷的毛毛细雨，这让树林里的苔藓层躺起来不那么舒服，不过，谁又会在这种情况下去想这些无关紧要的小事呢！

当我睡醒的时候，天已大亮。我听到大路上传来的人声和马蹄声，然而我们看不清楚路上的任何人，因为山谷里云层很厚，而且我们时不时地就被浓雾包围。我急忙叫醒巴尔甲继续赶路，在接下来的一个小时里，道路明显地向地势较低的地区延伸。经过布满大量石块的"之"字形道路后，我们向下方前进。我们距离藏人农民的房屋和磨房越来越近了，那里的人懂汉语，对我们敞开了友好的大门。我们到达了牦牛沟①（Mao niu gu），1904年10月我从阿坝返程时就经过了这里。我一边吃着从毛儿盖那里得到的最后一部分面饼，煮着茶，一边和一位健谈的老人聊了起来，我想要知道关于松潘厅敌视外国人的具体情况。黑水的流言并不是完全没有事实依据的。可能一个月前，很多信仰天主教的汉人被杀，松潘厅的二府张贴了告示，按照这位老人对告示的理解，所有外国人都不再受到法律的保护，不再有权利进入城里。

牦牛沟海拔3100米。为了到松潘厅，人们要直接从磨房后面攀上海拔3550米的高山，从那里到达岷江河边还要经过陡峭的下山路。我在接近中午的时候到达松潘城。

第二天中午，通过当地治安官的斡旋，我与两个大衙门的公职人员达成共识，即我可以得到穆斯林商会的1名成员、当地将军手下的10名民兵和二府衙门的4名骑手的帮助，在一位官员候选人的带领下，一道前往毛儿盖去讨回我的财物；等返回松潘之后，再支付100两银子给当地衙门。当我牵着我那疲惫的马穿过松潘城城门的时候，我的口袋里只剩下几两碎银子，很遗憾我没办法事先通过送礼物的方式来让衙门的人更情愿地帮我。所以对我来说，能够拿回箱子是眼下最重要的事情。如果他们把箱子破坏了，或者箱子里面的东西已经被瓜分了，那我的处境就十分不利，因为想在这里借到钱是不可能的事情。

官兵很快就完成了这次小型军事行动的前期准备工作。7月27日傍晚，这支小部队已经集结在牦牛沟磨房旁边的第一座山后。那里搭了3

---

① 牦牛沟，今松潘县牟尼沟（译者注）。

顶帐篷。其中，最小却最舒服、最好的帐篷是马三爷的，他是一位67岁的穆斯林商人，十几年来在毛儿盖从事商贸活动，是当地的名人。他带着他的侄子和一个年轻的马夫，他这次主要充当调解者。第二顶帐篷里住着4个马腿（Ma tui），他们是一位松潘厅护卫手下的骑手，听从他们什长（Sche tschang）的命令。什长就是下士或者说是统领10名士兵的军官，他45岁，之前是一位商人，在西藏破产了。骑手们穿着猩红色的外套——两侧有宽宽的燕尾，这身衣服过于显眼，以至于人们在很远的地方就能认出他们。看，这就是松潘厅的骑手！

最大的帐篷里住着总爷（Tsung ye）和他的10个手下，其实只有9个人，但是人们一直会说是10个。他们之中4个人装配着比较老旧的霍奇基斯枪，其中两支枪保养得比较好，可以射击。剩下的步兵携带着雨伞，雨伞下蓝色的细棉布中装着罗马短剑。骑手们装备了3支生锈的马蒂尼–亨利步枪，在使用一段时间之后，人们需要用通条把枪管中的弹壳清理出去。因为我自己没有帐篷，所以只能花钱说好话，才得以和骑手们挤在一起。第一天晚上大雨倾盆，我一度还听到有咒骂的声音。大风将步兵所住的帐篷刮破了——在他们熟睡的时候，帐篷在狂风中被撕成了碎片。

28日，我们全体登上了雄伟的卡龙山，在山上我们度过了从28日到29日的夜晚。29日，我们穿过卡龙村，沿着河谷向上走了十几千米。士兵们为了运输帐篷、武器和生活物资需要有乌拉，牦牛沟的居民为士兵们准备了两头杂交牦牛①充当乌拉。在卡龙，乌拉要进行更换。但是卡龙的藏人并不想马上负责运输士兵们的两公担②物资。他们还用很冒失的言语，斩钉截铁地说道："你们不能喝河里的水，不能从树林里伐取木材，你们的牲畜不能吃我们的草，此外也完全没有乌拉。"士兵们感到无趣，然后马上就痛揍了这个传话的人，这引发了一场群殴，这让我

---

① 杂交牦牛，指犏牛（译者注）。

② 公担，德语区重量单位，在德国，1公担为50千克，在奥地利和瑞士，1公担为100千克（译者注）。

卡龙河山谷的士兵营地

十分担心此次行动还能否顺利进行下去。因为卡龙和毛儿盖联合起来的话，这点儿人还怎么把我被抢走的行李要回来呢？幸运的是，在马三爷的帮助下，用较少的财物让牦牛沟的人再为我们运了一天的行李。

29日，我们打算早些出发前往毛儿盖。太阳升起之后不久，整个营地里响起了警报。正在照看吃草牲畜的士兵们很严肃地向我冲了过来，从远处就开始大喊着："子弹上膛！"整个卡龙的人都朝这边来了——大批武装人员步行或是骑马，密密麻麻地沿着布满树林的河谷向上行进，他们带着刀、剑和叉枪。我们所能做的，只有将手指放在扳机上，站在灌木丛和树木后面，等待着他们的到来！庞大的队伍在我们面前百米的位置停了下来，一个人走了出来，他长着褐色、闪着银光的络腮胡子，从他鹰钩形的鼻子可以看出他精力旺盛。"不要开枪！"他对我们喊道，"我们有话对你们说，是关于昨天的事情。"

这场"商量"在我们营地附近的一处开满鲜花的山间草地上举行。人们谈判了足足三个小时。长久的谈判之间总是伴随着斯多葛式的冷静。没有人被打断。百年前的争端都因为乌拉的事情被重新提起，法制史的学者应该会对这些感兴趣。

士兵们想借此谋求一些好处，他们在"商量"一开始时就强调，己方中的一人在昨天的争斗中被石头砸成了重伤。他们随即将肩膀上裹得厚厚的、我们这个英勇的团队中最年轻的人从帐篷里抬了出来，把他放在了两拨人之间，让他在那里痛苦地呻吟和哭泣着。当他哭得有些累了，稍微停顿一下的时候，他的同伴们暗地里踹了他一脚，好让他的呻吟声能听起来更逼真。这些花招却没有骗过任何一个卡龙人。发言人没有等待，不假思索地回答道："我们也有一个人躺在屋子里，他伤得很重，既不能吃也不能喝。这也是为什么我们会过来。"可以肯定的是，他们的伤员和士兵们的伤员一样，都是编造的，但是这两个伤员才是这次谈判的基础。

两小时之后，双方的分歧看起来被抹平了，双方开始推心置腹地交谈，卡龙的首领说道："我们希望我们是朋友。"在他的人插了几句话之后，他又说道："我们不能给你们提供乌拉。"一名被激怒的骑手吼道："等我们返回松潘厅之后，就去告你们，让你们进不了松潘的市场。"瞬间，所有的人都跳了起来，藏人的袖子中闪过藏着的石头，冲突一触即发。只有首领还保持冷静，他呵退了手下，将他们重新置于自己的控制之下。我们这边马三爷和我也居中调停。人们重新坐下，开始下一步的谈判。最后，他们发表了这样的看法："我们会准备乌拉，牲畜就在下边的林子里等着你们。"虽然并不情愿，但是他们知道必须准备这些免费的劳役。

我们到达的时候发现乌拉真的在那里等我们几个小时了。有了新的驮畜，我们沿着卡龙山谷向上行进得很快。下午，我们的第四个营地就设在了通往美丽雄伟的拉则的山口和毛儿盖寺之间的半路上。晚上大雨再次倾盆而下。30日，当我们准备继续出发的时候，雨滴已经连成一条条细线。没人觉得在营地里待着有什么乐趣，破旧的帐篷几乎没有防护，潮湿深入骨髓。8点，我们非常艰难地赶到了毛儿盖寺旁的房屋外。我们的队伍中每个人都带着一柄很大的伞。制服和武器随后都由卡

第七章 从壤口到松潘厅

▼

101

龙的乌拉驮运过来。我们的行进队伍像是一群游客，通过调侃和唱歌来保持着幽默，但是一到寺里就马上投入工作中。马三爷询问了李丁和一位富裕的农民，还和寺中的管家喝茶闲聊了很长时间，直到大雨停歇，最后什么也没谈成。没有人愿意负责，没有人愿意接手去谈判。我的马匹应该在此期间就被瓜分了，而箱子一直放在一开始被运过去的那个地方——如果遇袭者逃脱，或是存在打官司的风险，这些人就会这么做。马三爷和总爷决定继续住在寺中，不再进一步前往毛儿盖。下毛儿盖地区在一场冲突后脱离了松潘厅而改由茂州负责管辖。带头的人没了主意，懒洋洋、又闷闷不乐地带着整个队伍围坐在火塘旁边。下午5点左右，他们已经表现出深深的恐惧，商量着要更多的士兵前来，在此期间先行前往卡龙等待。当我起来想要独自前往下毛儿盖看看我的物品的时候，大家全都跟着我走了，他们真的是缺乏一个好的带头人。

夜幕降临的时候，我们到达达若的屋子门口。在河的另一边，我的牲畜正在吃草，没有人守护。四周也看不到一个人影，看来狂欢已结束了，人们四散而去。现在雨又开始滴滴答答地下起来，没有人愿意离开那温暖的火塘。根据我的认知和对当地人的了解，这是迅速转移我的物品的最好机会，但我只是一个孤零零的欧洲人，因为雨和入夜的关系也没法继续下去。好在达若的奴仆不是很聪明，在威吓了他后，让我和士兵们进入到达若的石房子。主要是因为这间房子有防护的屋顶和厚厚的石墙，我们可以知晓更高处和四周发生的所有事情。因为贫苦的步兵大多患有脚部疾病，比起在牦牛沟刚刚集合时，现在他们给人的感觉则比较凄惨。我也尽可能地希望他们不要在公众场合被看到。这些士兵凑合着在有大空间的厨房中度过了一夜，骑兵们在大厅的前厅休息，第四层是马三爷和他的仆人、侄子住的地方，那里是房主人的一个神学图书馆。我则在半开放的木质阳台走廊上躺了下来，尽管那里很冷，但我希望能够避免被达若屋子里大量的臭虫叮咬。当然，这是白费功夫，阳台走廊上也聚集着大量的虱子和跳蚤，还有一些其他的小虫子，以及体型稍大一些的小昆虫。

雨下了一整夜。早上我们做了早饭，然后买了一些食物。在这期间，从我所在的瞭望台可以看到那些人又出现在河对岸。雨还一直在下，所以那些人并没有什么抢劫的兴趣，敌人们集合起来也需要很长时间。到那时我们就只能耐心地等待了。如果7月23日也下着今天这样的大雨，那么我们就不会碰到这帮劫匪了。这些人三三两两地携带着武器从我的房子旁边经过，狠狠地咒骂着那个给他们生活带来麻烦的人。只有少数人围着房子绕了一个大圈，表现得很警惕。10点钟，达若的仆人被派往河对岸，为双方的谈判牵线搭桥。不到一个小时，当人们在价格方面达成一致之后，达若的仆人带着价码回来了。马（三爷）曾经和人讨价还价，将50两的价格降到了买一把老旧刀的价格。利用这个方法，我们在12点时成功地在隔壁房子和那些人进行了前期对话，我们这边派出的是马三爷和什长，他们都精通黑水话。前期对话的结果是，派出两个人骑马去达若那里，向他报告这件事。达若住在芦花①（Lo-hoa）山谷的另外一处房屋中。此外，马三爷还带来了一个消息，那就是在劫掠中，对方一个人的两个肩膀都被子弹打穿了，之后就一直处在死亡的边缘，十分痛苦。他的意见是，在有人让他好转之前，人们必须在病床前照料。马三爷担心的是我的队伍中没有受伤的人。当然，他并没有看到对方所说的那位受伤的人，也不相信这个人真的存在。傍晚时分，我在梭磨雇佣的两个仆人出现了，他们将我的羊毛毯和服装袋交给了我，这是他们从那边偷偷拿出来的。

8月1日，雨又下了大半夜，早晨，积雨云飘进了这个美丽山谷的深处。超过30个全副武装的藏人整晚都守在他们的大本营附近，并做出决定，为了让我们就范，他们召集整个山谷的所有战士，那些不听从征兵召集令的平民就必须上缴一头牛。正因如此，一早上的时间就有500多人聚集到那边。帐篷一个接一个地搭建了起来，附近有600多匹马。与我一同而来的汉人变得越来越忧虑，在一番安慰之后，他们的情绪重新变得稳定。他们抬来石头，检查火器。像这里的其他大房子一样，我们所在的这间房子拥有平坦的、覆盖着黏土的石质屋顶，之上是一层比

① 芦花，今阿坝州黑水县城（译者注）。

较松的木质屋顶，可以在和平时期遮挡夏季的暴雨。士兵们开始着手准备，使得这层木质屋顶在面对攻击时能够被迅速拆掉。通过一间小房子的门缝，我们还发现了一间小型武器库，里面有叉枪、装满火药的小袋子以及铅弹。从我的阳台上可以看到一片壮观的景象，遗憾的是，我的相机仍在敌人手中，从梭磨带来的两个仆人还没有成功地把相机偷回来。总爷和马三爷正在激烈地争吵着，总爷指责马三爷作为商人满脑子想的都是钱，而不是到达这里第一天的那个晚上就和我一起找箱子。一个好事者用点火和放烟的方式想在接下来的夜里把我们从达若的房子里赶出来。征兵令让整个山谷的藏人农民们愈发狂热起来。

8月2日，谈判又持续了6个小时。每一个认为自己有权发言的人都在发表看法，大家吵得不可开交。对方今天表示，那个受伤的人伤势变得更重了，他卧倒在床，精神有些错乱，已经没法见人了。放在平时，人们会把一直生病的人，也就是那个伤者带到我面前来，为什么他们现在没有这么做呢？我越来越怀疑是否真的存在这个受伤的人。他们今天要求在一个前提下进行谈判，这个前提就是伤者已死。一个死者会给一个族群带来更多的东西，在他们的眼中，这也是一个契机，能从对我的抢劫中减轻更多的罪责。马三爷表示，可以接受在承认有人受伤的前提下进行谈判。因为他是这场谈判的主导，而不是我，所以我很勉强地同意将受伤情况作为一个既成事实予以承认。

傍晚时分，一位喇嘛和一位穿着得体的普通信徒，据说是柯斯河谷的首领，来到我们的住处通知达若即将到来。达若不愿意冒险进入他的房子，他害怕被官兵们当成人质抓起来。马三爷于是被邀请前往隔壁的房子进行前期谈判。我的人也不同意让我进入隔壁谈判的房子里，因为这些藏人会抓住我，并借此压榨更多的东西。对于谈判的动态，我通过一位奴仆和一位年轻的喇嘛来掌握。首先，和原来一样，我要花最起码1000两银子才能拿回我的箱子，因为箱子里有金子和麝香。渐渐地，相关的要求有所降低，他们最终坚持索款150两银子，因为那个受伤的人就快要不行了，还有征兵令和邀请达若前来，这一系列行为给乡村造成了额外开支。他们说道，仅仅是征兵就要100两银子。那些没有参加战斗行动的人提出了这个要求，因为不响应征兵令需要上缴一头牦牛，所以他们才会集结起来，我需要为此付钱。

已经过了午夜时分，对面的溪流边上篝火还在熊熊燃烧，最后达若将价格降到了50两银子，具体如下：10两银子是达若的辛苦费，他在很糟糕的天气下来到此处，以及我和官兵们使用他的房子的费用；10两银子是开口费（Kai kou），是两边谈判人员的费用；20两银子是用来支付烧酒和360磅茶叶的费用，而这些烧酒和茶叶是在征兵令下发之后，集结起来的藏人们所消耗的；还有2两银子是邀请达若到此的费用；剩下的钱作为伤者的医药费。

时间的浪费和在达若的房子中形同监禁的无聊让我越来越烦恼，所以当我得知这个数额的时候立即表示愿意支付这笔钱，虽然大家都有点惊讶我能这么快答应。藏人却希望在明天早上索要更多的钱财，因为他们声称伤员病情又恶化了。如果达若没有一大早就过来，那么局势可能会再次变得紧张起来。漫天要价的威胁所造成的混乱再次出现在双方之间。

下午3点刚过，我的行李和牲畜就从藏人的大本营送到了我遇袭的地方，也就是桥边。藏人在那边的小树丛里集结起来，有几百人。然后达若邀请我过去查看行李是否都在。在行李交给我之前，我要支付那50两银子。我不得不从马三爷那里借了50两银子，并用我的两匹马作担保。当然，商人是不会忘记贴水的，数额在百分之四左右。

箱子没有被打开过。从小的物件和其他地方看，只是少了一些无关紧要的东西，这些都可以马上找到替代品。骡子一个不少，不过又少了一匹马，没有人知道它的下落。我对达若表示，要从50两银子中拿回一些钱，也就是这头丢失的牲畜的费用。马三爷到我这里和我单独谈判，他也兼任翻译，他低声对我说："如果你坚持这样，那你就要付出生命的代价。现在你处在藏人包围之中，数百条枪已经上膛。只需达若一个暗示，我们就都完了。"他突然中断了谈话，用右手食指水平划过他自己的喉咙，然后沉默地指了指桥和芦花河的水。在他说话的同时，一个喇嘛给了我一张长长的用藏文书写的文本，"在这上面需要盖上你的印章"。

　　"我不懂藏文"，我回答道。同时，我指责马三爷，因为他从未告诉我要签这样的东西。这只狡猾的狐狸却说："如果你不签，那你就是杀死我们家顶梁柱的凶手，因为他们会把我和你一起杀死。"我当然不愿意被这样恐吓。我拿着文本请求可以对着字典认真研究一下，但却是徒劳。马三爷、达若和喇嘛一起威胁我，让我马上屈服，这份文本只是包含了一些说明，让我没有办法去成都告状。最后我用德文写了这么一段话："危急时刻，我四周有600支枪正对准我。"然后我告诉他们，这么长是因为我在写我的名字。喇嘛、达若和马三爷也在文本下面摁了手印。所有的藏人都从树丛中走出来。我惊讶于他们粗野的外表和他们的人数。他们帮我把箱子装在已经配好鞍子的牲畜身上，向上毛儿盖地区行进。和我一起的士兵、我雇佣的人也都在达若的房子后面加入了这条长长的队列。他们欢呼雀跃，将帽子扔向空中，山谷里满是他们的口哨声。只有做汤饭的老人没有笑，就在我眼前，他被痛揍了一顿。

　　我自己十分高兴，因为我认为能用50两银子拿回我的笔记、照片和几千马克的银币十分划算。如果不是我着急要解决这件事情，也许我还能找出证据证明根本没有人受伤，或许也不需要交赎金。我只剩下仅够几天的粮食了，随我同行的汉人也和我一样只剩很少的钱，所以我们必须尽快做出决定。

　　这一天晚上我们在位于毛儿盖寺上方的一处林间草地安营扎寨。我为士兵们买了一头母牦牛，这让士兵们的心情变得非常好。据说因为要紧事，马三爷留在了寺里，他的侄子作为秘书也留在了那里。第二天，马三爷和上文提到过的柯斯河谷的首领又来找到我们，他对归还行李事件的处理不满意，因为他在这次事件中什么好处也没得到。12个小时之前他还把达若称为自己最好的朋友，而现在他指责达若太贪婪，侵吞了我的银子，不是10两而是20两，伤者的医药费也是他为自己索要的，因为没有人受伤！

　　返回松潘的路十分宽阔，但是士兵们、马三爷和总爷却陷入了争吵之中。士兵们可以得到一部分钱，也就是开口费的一部分，总爷什么也没得到，因为他不会说藏语。三十年前马三爷就和毛儿盖有商业往来，在寺中还存放着一大批茶叶，他为前几天聚集起来的藏人提供茶叶和烧酒，而我为此支付了20两银子，按照总爷的说法，马三爷净赚了总数的一半。总爷和骑兵们想要瓜分15两银子。第二天，双方依然在激烈地争吵，我却乐在其中。从民族心理学的视角来看，我们漫长的返程令人印象深刻。

返程最后一天的拂晓，我的护卫队还在上演并无大碍的小规模争斗。马三爷吸着他自己的烟管，和我一起坐在灶前。我的仆人们在往驮畜背上放行李，当时我们的4个骑兵在前面探路，他们鲜红制服上的燕尾在马后面飘扬。此时我突然听到一声枪响。4个骑手火速从肩头取下枪，在马鞍上开始射击。他们转向右边，消失在了一处山脊的后面。我们又听到了几声枪响。但是几秒钟后，我的同伴就不再说话，而是悠闲地坐在我旁边，当时我们还在打包行李。这个时候总爷通报说，他们发现了一个10人的抢劫团伙并开始喊话。从尖帽子可以看出对方是博保子，他们并没有继续喊话，而是主动进攻，将对方赶进了一片树林中。

一年前，就是在这里，马三爷的儿子和两名藏人仆人所遭遇的境况却非常糟糕。当时，他们领着牦牛商队，带着在果洛地区交换的皮毛、贝母和麝香遭到了袭击。4名来自阿坝的强盗攻击了他们，一个仆人中枪而亡，另一个逃掉了。马三爷儿子的财物被洗劫一空，被发现的时候身中三枪，总价值700两的货物被抢。那个侥幸活下来的仆人跟踪强盗的足迹，在今年春天的时候把丢失的货物都追了回来。人们在找到仆人尸体附近的地方插了一杆玛尼旗，白色的玛尼旗在风中飘荡，之所以将旗挂在这里，是希望死去的藏人仆人的灵魂能够安息。每每有微风吹过，经幡就会随风飘扬，这些虔诚的经文就会飘向佛祖那里，为亡者祈祷，如此，不幸的灵魂才能得到安宁，才会少受地狱之神的折磨。

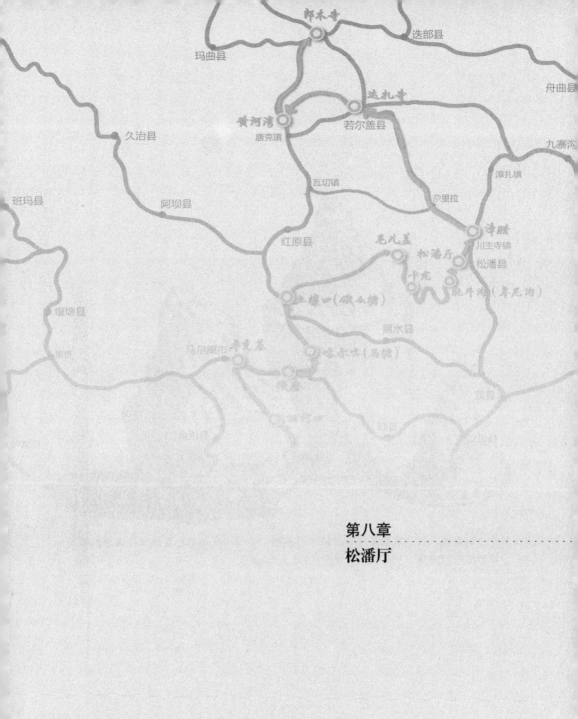

郎木寺

迭部县

玛曲县

舟曲县

达扎寺

黄河湾
唐克镇

若尔盖县

九寨沟

久治县

瓦切镇

漳扎镇

班玛县

阿坝县

尔里拉

红原县

毛儿盖

将腊
川主寺镇

松潘县

松潘厅

壤塘县

黄龙口（硫么溏）

卡龙

叠溪海（牟尼沟）

黑水县

马尔康市

崇欢

哈尔古（马镇）

茂县

脚腊

小川县

第八章
松潘厅

三个土陶擦擦，右边是松潘厅卡龙的本教擦擦；中间和左边的是青海湖格鲁派的擦擦。
（原型高约7.5厘米，另外的两个分别高9厘米和4厘米）

在毛儿盖房子炉火旁等待的时间很长，于是我从马三爷马理清（Ma li tsing）和其他人的口中了解到很多关于黄河附近草原的新消息，这深深地吸引了我。黄河［玛曲①（Ma tschü）］之谜必须完全解开。根据我所了解的，黄河这段的距离肯定比地图和地图集里面所画的要长几百千米，向东延伸到比我在1904年旅行时估算的远得多的地方，甚至肯定不是远远地从松潘厅附近流过。

"一朝被蛇咬，十年怕井绳"，这是一句中国谚语。在这些人面前，我又得到了很大的尊重。我现在只想和一支强大又可靠的队伍一起去实现我的新目标。这一次我花了更长的时间去寻找合适的仆人，我用尽所有的精力在一件事上，那就是得到一支武装护卫队。

地方官们当然不会对我的想法有太大的兴趣。我从军官和秘书那里得到了最友好的保证，那就是没有经过草地到达洮州的路。松潘厅旅长级别的军官如是说："我们为什么要对你说谎呢？" "去甘肃只有经过南坪②（Nan ping）和阶州③（Kiai。口语：Gai），或者说，还有一条隐蔽的路前往洮州，但是今年在甘肃和四川交界的地方爆发了一场战事，没有人敢走这条路。"关于这场"战事"，我之前就听说了。四川

---

① 在若尔盖地区黄河又称为玛曲（译者注）。

② 南坪，今阿坝州九寨沟县城（译者注）。

③ 阶州，今甘肃省陇南市武都区（译者注）。

和甘肃官方联合行动，想要对付迭部降扎（Täwo kiang ts′a），这个地方位于大路的东边，我的专家早就这么告诉我了。所以我乐于承认地方官员的观点是有道理的，但我不能理解的是为什么我不能走那条每年都有数百名商人选择的路呢？

在准备新旅程的同时，我有了充足的时间去了解松潘厅。汉藏交界第一序列前哨站有三个，分别是打箭炉、松潘和西宁。这三个城市都在大路的尽头，居住着大量的汉人。这三个城市都是与藏人进行商贸交流的重要枢纽，其显著特征是这些贸易的很大一部分是经由穆斯林商人完成的。

打箭炉非常狭小，光滑的石砖和石阶让马匹走起来很艰难。打箭炉与内地南方的城市很相似，在那里，行人和搬运工勾画出了整个城市的风格。西宁府是典型的中国北方城市，低矮的黏土房和砖瓦房之间是宽阔的街道，路上尘土飞扬。松潘厅的建筑风格恰好在前两者之间。岷江由北向南汹涌奔腾，冲刷形成的河谷有500多米宽，河水从左岸到右岸一侧拐了一个弯。人们可以在其中发现与抚边相似的河谷西侧的次生黄土堆积层痕迹，这是由于受冬季季风影响，黄土被吹到了河谷西侧沉积下来形成的。[1]从四川地势较低地区开始修建的道路经过灌县延伸到河谷左侧，在这里横跨岷江。江面上只有木筏，船只因吃水较大而无法在这壮阔的河面上航行。一座庞大的、被保护起来的木桥像威尼斯里阿尔托桥一样连接着河流两岸。桥上有一些小酒馆，在桥的四周是被坚固的城墙包围起来的城市。像其他地方一样，城墙使用厚厚的砖块砌成，并用泥土进行填充。围墙的西侧延伸到了山麓的陡坡之上，那里的终点是一座高高在上的寺庙，所有具有战斗力的部队都部署在那里，以保证整个城市可以对有些鲁莽的敌人进行防御作战。松潘厅有超过1500户的居民，周围的防御面积也比较广阔。因为周围只有很少的汉人农民定居，所以在战争时期只需要给数量很少的难民提供临时住处。

---

[1] 冬天的西风好像是由于山脉的防风作用，在逐渐减弱的空气涡流中，以及碰到对面河谷谷壁之后返回的回流作用下，会留下大量的尘埃。

汉人和穆斯林的人口比例占整座城市的一半，他们之间的关系相对来讲十分不错。比较引人注目的建筑是位于城北的古老镇台衙门（Tschen tai-Ya men）和位于西边侵蚀阶地之上的直隶厅官衙。一些藏传佛教寺院［萨迦（Saskya），宁玛（Nima）］位于城市的边缘地区。大部分居民的房屋都是木质的，多为两层。城市中一整片区域看起来比较新，因为三年前那里遭遇过一场毁灭性的大火。像中国其他地区一样，众多商店沿着主街两侧排开。在这些商店中，随时可以看到藏人来购买奢侈品。来到松潘厅的藏人给这座城市增添了特别的色彩。除了骑着高头大马从大城门进来的果洛人，其余主要是一些穿着破旧的卡雅（高地藏语：Kredyang）人。卡雅人挤满了街道，男人和非常多的年轻女人常常步行来这里，其中很多人都光着脚，身上仅穿着粗糙的、棕黑色羊毛编成的衬衣，经常不戴帽子，没有首饰。男人们编着辫子或是头发很短，眼睑微微显现出来，眼珠就在中间。头发凌乱的妇女露出一束束褪了色的淡黄色或是褐色的头发，她们有湖南瑶族人的特征，有着黑头发的妇女属于例外——汉人为有黑色的头发而自豪。卡雅人是

一个贫穷的族群，靠着少量的铜钱来维持生计。他们在山上收割牧草，卖给城市居民，有时在那里，有时在这里，过着像真正流浪者的生活。这个族群的土地在卡龙南部和西南部的峡谷中，这些峡谷是由发源于毛儿盖的芦花河冲刷出来的。在我逗留松潘期间，这个族群的首领被当地衙门抓了，正关在松潘。他在一次抢劫汉商的案子中充当了同谋的角

日历（铜版）直径5.5厘米，来自玉树。中间为地震之神，环绕在周围的是十二生肖，鼠、牛、虎、兔、龙、蛇、马、羊、猴、鸡、狗、猪，以及一套神秘的图案。

色。据说，他一方面同意了抢劫的实施，另一方面想要进城去买东西。买东西时被扣留，随后被官府直接投入大牢。

位于松潘厅东部的山峰比西部藏地的山峰更高一些。距松潘22千米的夏东日①（Schar Dong re，或者Schar Derung re），汉人称为雪宝顶（Hsüä bau ding），海拔高度超过了6000米，其主峰有终年不化的积雪和冰川。当然，从纬度来讲与的黎波里②（Tripolis）城相当，永久积雪带从山顶之下几百米开始存在。夏东日所处位置十分孤独，所以显得非常神圣，被视作阿尼玛卿（Amne Matschen）山的兄弟。在山的周围有大量的藏人寺庙，比如卡琼寺③（Ka tschung gomba）。每年都有许多人前往这些寺庙转山。绕着山走一圈需要3天时间。藏历六月，也就是中国农历四五月之间，甚至有大量的信徒从遥远的果洛地区和打箭炉出发汇集到这里。在深秋和冬天，草原上的居民们会经过松潘厅前往四川南部的峨眉山朝拜。

8月16日，我在一个藏人的陪同下向着博倮子所在的方向前往牦牛沟，去参观扎然寺④（Dschara Gomba），那里有为表达对莲花手菩萨（Padmapani）的尊敬而举办的庆典，我也刚好去看一看。第一天拂晓我们站在又高又厚的灰色砖墙前，也就是松潘城的南大门内，等待着保管钥匙的人带来那把古老的城门钥匙。城门的守卫打开了大门，大门已经有些腐朽，外面包了一层铁。早晨的时候有一整队的脚夫想要和我一同离开松潘城，他们要前往茂州，并从那里前往四川平原⑤。他们都没有携带任何武器，光脚穿着大麻织成的便宜凉鞋，再加上由廉价棉布做的蓝色脚踝带、蓝色齐膝短裤、蓝色罩衫，这就是他们全身的装束。他

---

① 夏东日，意为东方海螺山，指今松潘县黄龙国家级风景名胜区的岷山主峰雪宝顶（译者注）。

② 的黎波里，利比亚首都，纬度与松潘相近，均为北纬32度左右（译者注）。

③ 卡琼寺，今松潘县上纳咪寺（译者注）。

④ 扎然寺，今松潘县牟尼后寺（译者注）。

⑤ 四川平原，指成都平原（译者注）。

们带着一些铜钱、一根烟斗和一些烟叶，然后将开始长达几个礼拜的旅行，他们每个人挑着一根扁担，上面有超过100斤的中草药。

我们俩骑着马，出了大门继续前进。当第一座大山在我们身后的时候，我们已经到了牦牛沟。我们挤在无数善男信女之中，他们都穿着节日的盛装，骑在灵巧的马上赶往扎然寺。这座寺院隐藏在一片壮阔的森林之中，金色屋顶的一角闪烁着光芒。我们直接站在寺庙前面，可以很清楚地看到很多间集中在一起的小房子环绕着整个寺院，这些房子是僧侣们的住处。在众多佛殿前有一个小广场，人们聚集在这里。主殿里供奉着佛像，周围是一些小的护法殿。9点半左右，常杰①（Tschamdie）的常官人②〔常郭瓦（Tsch'ungowa）〕，也就是牦牛沟和卡龙的首领，骑着马来到这里。他的随从都穿着彰显富贵的藏式红色长袍，他自己戴着镶嵌着纽扣的满族样式的帽子。在寺院的入口处，虔诚的僧侣团队中负责安保的人将他们迎进来，扶他们下马，并用鞭子在人群中为他们开出一条宽阔的大道，一时间只能听见鞭子噼里啪啦的声音。

他首先来到护法殿外面，从右侧开始绕着转了一圈。他和他的随从们旋转着殿外的转经筒，然后通过一扇巨大的门进入内殿。大门上方悬挂着三头被填充的野猪皮、一整头雄性野牦牛皮、一只羚牛皮和一只豹子皮。两边是壁画，画的是令人恐惧、像是来自地狱受到最惨折磨的鬼脸和图像，以此让造访者感到深深的恐惧。殿内点燃的油灯以隆重的方式被呈献给神明。最后，这位常杰官人在主殿入口的阳台上落座。敲鼓的僧侣则摆出一个显得很庄重的姿势，露出严肃的表情。此时敲鼓的人和吹喇叭的人就开始了演奏。

这出神秘剧持续了3个小时，这么长的时间，尽管期间只有很少的变化，热情的群众仍兴趣盎然。第一个节目中有两头狮子〔森格（Senggi）〕登场。演员是四个年轻的僧侣，他们戴着像熊头一样的面具，两两一对，一个接一个地在台上舞动。站在最前面的人抖动着面具

---

① 常杰，区域名称，指今松潘县牟尼乡全境（译者注）。

② 常官人，又音译为陈官人（译者注）。

的嘴和耳朵，后面的人摇动着强有力的尾巴，最后将前面的人举起来放到自己的肩膀上。演出结束时，两头狮子像两个两脚生物一样消失在殿堂门口。第二个节目是两个人在舞蹈，他们戴着有长长的胡须和巨大的鹰钩鼻的面具。一开始缓慢地、庄严地、不间断地相互鞠着躬，来回地跳舞，不久之后，他们的手臂和腿开始不停地抖动、旋转。抖动和跳跃都变得越来越快，完全停不下来。他们被称作"嘉嘎阿杂拉"（Dyagar atsara），也就是"友好的天竺人"。他们被认为是第一批成为佛陀信徒的代表。现在出现了两个林中精灵，他们蓄着白色的胡子，白色头发梳成朝圣时的样式，旋转起舞。我的随从称他们为杜林恰恰（Tuli dscha dscha）。他们是白鬼［则嘎波（Dri gabu）］，也就是白色的精灵。在结束的时候唱起了梦幻般的颂歌。

到现在已经过了两个小时。两位朝圣者穿着红色的僧侣宽袍，戴着金色的太阳帽，穿过周围的观众走了过来。他们拄着朝圣者的拐杖，远道而来，就在大殿对面住着。"神圣的米拉日巴尊者［杰尊米拉日巴（Dyibtsen Mälareba Milaraspa）］出现了。"周围对神明颇为畏惧的人窃窃私语。很多人直接把头上戴的帽子摘下来，开始不停地磕头。森林的左右两侧出现了两个戴着鹿头的人，他们迅速朝两个喇嘛奔去。他们的脖子扭曲着，胳膊和腿都在风中摇晃，跳着舞，最后在喇嘛旁边坐了下来。观众群再次让出了一条通道，两只红色的狗从树林中冲出，朝着戴着鹿头的表演者冲了过去。像芭蕾的舞步，两只狗一个接一个快速地奔跑，爪子像是在空中挥舞，它们绕着中间的喇嘛和两个鹿头面具人转了十几圈。一段乏味的、有些让人昏昏欲睡的调子从一个喇嘛的嗓子里发出。两只狗十分听话，靠着两个鹿头面具人坐了下来。伴随着咒骂声和鞭子抽打的声音，在鹿头面具人和两只狗之后，从树林中走出了两个年纪较大的人，一个年轻的猎人拖着很多弓箭和一个放着食物的大筐跟在后面。观众们很快给他们让出了一个位置，因为两个年纪稍大的人很无情地用弹弓开始弹射。然而他们所有的追逐都没什么用，两只狗正热情地舔着中间的两个鹿头面具人和喇嘛。追逐猎物让两个年纪稍大的人有些疲惫，于是最后他们和那个年轻人一起坐在了他们所在位置的两

扎然寺上演米拉日巴的故事

侧。他们想要吃点东西，不过筐子里只剩下干骨头了，他们拿起烧酒瓶子，很快就表现出醉意，紧接着就进入了梦乡。现在中间的两位显现出神圣色彩的人开始念诵佛经，而很多观众则跪着将额头紧贴着地面。当粗野的猎人们醒来之后，他们并不甘心自己的猎物就这么离开，他们徒劳地拉开自己的弓，想要射杀"鹿"。可最终他们放下了弓和箭，毫不情愿地返回距离最近的丛林中。鹿、狗和中间的两个喇嘛在节庆的鼓声和喇叭声中进入了殿内。①

　　当最后一个吹喇叭的人从大殿顶上下来，鼓手也带着大鼓从大殿入口消失的时候，人群开始逐渐散开。

────────────────

① 这段简洁的剧情很容易看出来是源自游走的僧人米拉日巴（根据格伦威德尔的说法，佛教的神话记载，1038年米拉日巴出生，1122年在尼泊尔边境去世）的生平传奇。所有人在人数上都是双倍呈现出来，看起来没有其他别的原因，只是让跳舞的场景看着更活跃，让所有观众都能看得更清楚。

沿着河谷向下游望去，在寺院所属的区域外，汉人和穆斯林扎起了他们的帐篷。彩色的带子、假的珊瑚石、绿松石色的土、外国的织物和便宜的皮革在这里售卖。烧酒是不允许在寺庙周围贩卖的，但却吸引着那些馋酒的人。商人们也不是平白无故地在这里等着各部族买家的到来。烧酒是一天中最吸引人的东西，然后就可以听到从山谷深处传来的歌声和欢呼声的阵阵回响。人们跳舞唱歌，从演出结束一直持续到深夜。

寺院演出的时候也能看到博俫子，但所有人都鄙视他们。在很多人看来，这些穿着简单的人的出现引起了他们的不悦。妇女们不由自主地说："注意啦，那边是博俫子。"如果一位观众丢了他的马，马上就会有人怀疑："博俫子偷了那匹马。"

在为接下来的旅程购买物品的时候，我在松潘厅见到了一个在中国其他地方从未看到过的属于四川省的机构。每次当我在商铺里的交易已经达成一致，准备支付银子的时候，相关的商家就会请我和他一起去官平①（Kwan ping）为银两称重。在主街一座低矮的小房子里，一位年纪比较大的人坐在一个铁铸的大秤前面，这个秤就是用来给银两称重的。他一脸认真、从容不迫地从大圆眼镜片后面审视着周围人们放在他面前的一块块银子，然后他对这些银两进行称重。他用留着长指甲的手开具一份证明，上面写清楚银两的品质和重量，如此一来，含金（银）量不足的情况很容易被发现。在整个松潘城，除了他之外没有人有官方授权的相关称银许可，城里也没有其他保存较好的银秤，每个要给银两称重的人都会来官平这里，人们也了解到了这个职位的重要性和收益。银秤主必须支付一笔固定的费用才能在松潘厅买到这个许可证。人们也都习惯于把那些尚未货币化的银块，或者四年之内四川通行的银锭拿给官平，让他对银子的品质和重量进行检验。人们认为这个机构行的是善举，因为借此可以预防诈骗，避免因收到质量很差的银子或用其他坏秤称重所造成的损失。

① 官平，清代衡量银两标准的机构（译者注）。

购物时，我在一间商铺里偶遇除我以外另一位居住在城里的欧洲人——蒙斯·杜里（Mons Dury），他是一位外方传教会的传教士。他于十几天前搬进了属于他们教团的屋子。我在拜访他时，发现他是一位非常和蔼的人，他与一位充当仆人的汉人教徒住在一起。他的传教团位于松潘的一座老旧单层中式房屋内，他把一片狭长的坟地之前所谓的厢房（Schang fang）改建成了一所教堂。继上次对基督徒的迫害之后，他们也只能以更隐秘的方式前往教堂。

与东部藏地进行贸易交流铸造的银币（在成都府铸造）

蒙斯·杜里是从茂州出发，为了索取对受迫害的基督徒的赔偿才来到这里。成都府的主教得到了政府机构的承诺，主谋会得到应有的惩罚。一个原本很小的问题成了这次基督徒被迫害事件最初的动因。直隶厅衙门有官平，这里有官方设置的用来为中药材称重的设备。每个要卖中药材的人都必须使用这杆秤，与之前我用的银两秤一样，都要交一小笔税。衙门提供秤的优先使用权，一位年迈的天主教徒付了100两银子，得到了优先使用的权利。他的对手们则为了这块肥缺，利用中药材采挖者们对设置官方称重秤的普遍不满情绪而联合起来，他们首先反对这位天主教徒，然后反对他的宗教和信众们，就这样掀起了反对的浪潮。尽管蒙斯·杜里完全不同意他的忏悔人买下秤的优先使用权，成为一个"收税的人和有罪的人"，但已经为时太晚了。

仇恨在蔓延。新的制度所带来出乎意料的影响让衙门的人惊恐万分，他们解释道，正是在天主教徒的劝说下，他们才引入了这项新的举措。这些解释让民众心中的怒火熊熊燃烧。结局是，一夜之间，9名天主教徒和23名非天主教徒被杀，然而松潘厅的民众对这样的结果还不满意。为了平息民众的怒火，直隶厅和镇台宣布，民众应该冷静下来，天主教徒将不再得到政府提供的职位。当中药材商人和大量居住在岷江下游河谷地带的中药材采挖者威胁要向城市进发的时候，镇台向他们保证，所有的天主教徒都会被绑住双手押解出去。当然，这些最后并没有发生。法国传教团对此很有经验，他们在成都府提起了诉讼。中药材的官平不会再重新设立，民众也逐渐安静下来，衙门最后宣布，为那些死去的基督徒们赔偿2000两白银。

郎木寺
迭部县
玛曲县
舟曲县
达扎寺
黄河湾
久治县
若尔盖县
唐克镇
九寨沟
瓦切镇
漳扎镇
班玛县
尕里拉
阿坝县
浮腊
毛儿盖
川主寺镇
红原县
松潘厅
松潘县
卡龙
壤塘县
元凡池（年尼池）
红原口（藏水塘）
黑水县
马尔康市
卓克基
芦花（高路）
绰斯
茂县
卓店
金川县
两河

第九章
从松潘厅到黄河湾

松潘厅和岷江

8月6日到23日的这段时间，一直受到来自直隶厅的阻碍，但最终，一小队骑士还是骑着生气勃勃、装备崭新的马匹从松潘的北门出发，走在一条交通条件比较好的大道上，沿着岷江河谷向上游地带前行。6个小时的行程之后，到达漳腊①（Tschang la）。漳腊坐落于一个古老的湖盆之中，旁边是河谷的一处开阔地，这处断裂是源于山脉构造中的断层，产生的原因与整个岷江上游的河谷地带和雪宝顶巨大的山体及大部分南北走向的断层相关。海拔3100米的漳腊就坐落在河谷开阔处的黄土不溶残余物之上，后者的下方是大量的卵石和黏土。漳腊是一座有着400多户汉人的小城，城周围筑有城墙，该区域军事长官的驻地位于河流的左岸。防御工事最早建于1541年，后来在1729年翻新。我想把这座城市比作西宁的前哨丹噶尔（Dankar）②。对于雅州府和打箭炉来讲，理塘和巴塘起着同样的作用。漳腊四周居住着的都是藏人，他们直到明代都还是自由散居的状态。他们是农民，好多人家都有一院漂亮的房子。像松潘厅附近一样，这里种植最多的庄稼是青稞，其次是野燕麦、亚麻和荞麦，以及我们的最爱——土豆，这几天刚好是收获的时间。尽管夜里的温度不会降到零下，但居民们还是担心第二天会出现第一场大的霜冻。对于在九月收获的果实因寒冷而变小、因结霜而发黑这

---

① 漳腊，今阿坝州松潘县漳腊（译者注）。

② 丹噶尔，今青海省湟源（译者注）。

种情况，当地人已经习以为常。像在金川一样，田间收割的一捆捆麦子会被放到高高的木架子上，它们在那里被催熟。

漳腊地区的藏人农民和松潘地区的藏人农民一样，被称作夏尔巴[Schar ba，或者夏尔瓦（Scharwa）]，意为"东方的居民"，是本教信徒。六座号称本教圣地的寺庙和一些正在消失的僧侣们的居所就在城镇附近不远处。其中之一是祁命寺（Tschimi gomba），在横跨岷江的桥边，那里沿着河谷分布着一小片草地，我们的营地就设在了那里。我们并不是这片草地唯一的客人，紧挨着营地的是一个接一个的帐篷，被拴在木桩上的马匹环绕着帐篷站立。两天以前，为平息一场内部的纷争，周围的藏人就开始逐渐向这里集结。我受到他们最友好的邀请，前往他们其中一个瓦卡①（waka）做客，这里有免费的茶、糌粑和烧酒。关于他们的谈判活动，我仔细地听了一个小时。几位老者开始说明情况，就像很多年前调解这种纠纷一样。100年前的处理程序被详尽地展现在年轻人的面前。当我蹲坐在火塘旁边的时候，一位骑在高头大马之上并有骑士陪同的活佛从不到400米之外的宗教圣地来到这里，在隆重的迎接仪式下，在一座富丽堂皇的帐篷前，他缓缓地下马。这座帐篷四周是用蓝色和红色材料缝制而成的阿拉伯式花纹与人像。这场"露天大会"②的内容是关于一桩杀人案。我在松潘雇佣的向导赵（Tschao）解释道，"杀人者的家庭需要花费150两银子"，也就是说，他们必须为死者和他的家庭支付80两银子。另外50两银子是"开口费"，即支付给中间人的费用，感谢他帮助协调此事。还有20两银子用来"面赔"（Mien Pi），即自愿设宴邀请对方部落的人吃饭，以赔礼道歉。这一次我也可以参加这场宴席。

下午晚些时候，一位来自松潘厅的准尉、姓王的总爷和三位来自漳腊河谷的藏兵在我面前进行了自我介绍。与之前的拒绝相反，镇台和

---

① 瓦卡，意为锅灶、火塘，此指围着火塘就餐的一组人（译者注）。

② 露天大会是日耳曼民族举行的一种仪式活动，其内容包括：审判、议事、决定是否对外作战等（译者注）。

松潘厅认为把他们派到我这里来是一个不错的主意，他们会一路护送我前往洮州。王总爷今年26岁，看起来很有礼貌，长着一张女孩般的脸，正等待着一份计划中的职位。他现在要对我的安全负责。此外我们有11名骑手，只有6头驮畜。没有人会打这样一支队伍的主意。

漳腊民兵中的两名藏人

8月24日，在漳腊下游不远处，本教寺庙郎依寺（Lanri）附近，一条汹涌的河流从西边沿着险峻、森林密布的山谷汇入岷江。第二天我们顺着这条河流启程，沿着河向上游30里就是边界。一道土墙封锁了谷底的交通，现在这堵墙已经坍塌，大部分墙体也被水冲走。不过墙上的门还在，经过简单的修补，还能关得上。在这道土墙内，一片并不肥沃的田地之间是汉人的居民点黄胜关［邦让（Bang rung）。汉语：（Hoang schen kwan）］，海拔3170米。这里由一个把总（Ba tsung）和两个人负责边界守卫。祁命索（Tschimiso）首领住在距漳腊不远的东北村［Dung bai。藏语：柯洛绒（Kolorung）。有20余户人家］。在准备与青海湖蒙古人的战斗期间，官府在这里派驻了一支强大的分遣队，他们不允许草原上的居民继续向西前进，这些居民只能在政府授权的市场中交换生活必需品。

又是一个雨天。在土墙外一片平坦的草地上有一座古老的庙宇，庙宇四周是古老的柳树、杨树，高高的云杉，还有郁郁葱葱、密布在山坡上的灌木丛。一座庙宇供奉的是汉人的战神——关帝（Kwan ti）。对于来往的商队来讲，这里是一个可供休憩的好地方。黏土制作的关帝塑像和他的两位扈从周仓（Tschou sang）与关平（Kwan ping）的塑像上挂满哈达和经幡，还有大块红色和蓝色的中式旗子与布料，以及厚厚的污垢和灰尘。尽管与我同行的所有人都点了香，在关帝面前跪拜，但他们对这栋建筑并不太尊重。能在屋檐下度过这样的雨天是很舒服的事，瓦卡就设在一进门的大厅中一座马的塑像旁边，确切地说是底下。一支藏人的商队和我们离得很近，在上房（Schang fang）里煮着茶，那里还供奉着神像。如果想要进到最里面，一般来讲，要跨过大量的木炭残余和灰烬才能办到。这让我十分惊讶，除了所有人的虔诚，居然还有这样藐视神灵的情况。这座庙宇在土墙之外，其间的神灵能够保护边界抵御敌人入侵，而他自己的家则不需要人来保护，他最好能自己操心这些事情。

8月25日，又是雨天，我们赶路的时候在下雨，晚上雨也没停。我们在河谷之间行进，逐渐到达海拔3800米的地方。路况一直很好，之前人们就说这里至少路况还可以。直到海拔3500米的地方，伴随着两侧的赤杨、柳树和一些长得很高大的树木，溪流变得越来越窄。我向高处望去，只能看到向北倾斜的陡峭山坡上有一小片平地，那里生长着云杉。9点钟，我们来到了山谷分岔处，我们的同伴称其为两河口（Lien ho kou）①。这里没有居住点，人们有时只能找到3块石头，以此证明之前有旅行者在这里出现过。我们在两河口和三里坝（San ni ba）两次发现军事防御营地的遗址。总爷一直很紧张。当我们走到一片茂密的树丛旁边，他就派出手下的一名藏人当探路先锋，仔细地在树丛中搜查有没有敌人。在一个小时里面，他6次对我说，"这里非常可疑""在这里最

---

① 从两河口开始，有一条山谷向北延伸。人们沿着这条山谷行进，不久以后经过一道关卡，就可以到达包座（Bau ts'o）河谷，再走180里就可以到达登寺（Da dien se），又称为达仓寺（Da tse gomba）。这是一座本教寺庙，那附近有很多农庄，从那里开始5天之后可以到达求吉寺（Tschudie gomba）、达拉古（Dalagu）、尼傲（Ngea）、确沃寺（Dschomo gomba）等，最后一处属于卓尼土司。

好别大声说话""在这里最好把枪拿到手里"。

　　向上的道路变得更加陡峭，山谷也变得棱角分明起来，直到我们面前出现了一段高200米的悬崖，这段悬崖由砂石和砾石构成，和冰碛残余没有什么相似之处。爬上这处悬崖并不是难事。来到悬崖之上我们已经到达海拔3860米的地方，可以向西北偏北方向眺望。这里有一片宽阔的斑晶和基质等量的河谷平原——"雍"（Yung），如北方的玛雍平原（Ma yung）和青海湖平原（Ts'o ngombo yung）。这里有上千个小池塘，从我们所在的位置向远方延伸。平原的四周是绿色的小山丘，但是这片河谷平原向何处倾斜还没法辨认出来。这里有一座巨大的拉则，上面插着数百根杆子，杆子上面挂满了经幡和白羊毛，我们看到这座拉则矗立在悬崖旁边，这说明我们来到了这层阶地上很重要的一个点，藏人称其为尕里拉[①]（Gari la）。过了好久我才意识到，这里就是长江（Yang tse Kiang）和黄河（Hoang ho）之间的分水岭。我们在这里停留了十几分钟。我们队伍中来自漳腊的本教信众向空中抛撒龙达，并在拉则处插上了新的三角旗。之前这面三角旗一直绑在他的藏式叉枪上随风飞舞，原本就是专门为这个山口的神灵——一位十分强大的山神而准备的。

　　我们在草地上行进。这里的土地、山脉和河谷上覆盖着一大片独有的嫩绿色草原植被。这片草原上的草比较松软，在这里我没有发现柴达木（Tsaidam）盆地和青海湖附近生长的那种比较硬的灌木。在很多地方，土地都是沼泽，呈黑色，看起来像是纳卡的田地。在接下来的行程中，我发现了一条清澈的小溪。它在山谷间百转千回，蜿蜒流淌。来自漳腊的士兵泽莫措将其称为热曲（Re tschü）。这片大高原上也没有人居住，这里看不到任何定居者的身影，看不到时间比较久远的炉灶石［塔多（Tardo，tab rdo）］，也没有发现游牧民在此定居后留下的痕迹。就像那条小溪以最奇特的方式蜿蜒曲折，我们所走的道路也是来来回回，弯弯绕绕，避开了那些沼泽。河谷的谷底有很厚的泥浆，我们要

―――――――――――――
① 尕里拉，今阿坝州松潘县尕里台（译者注）。

来自漳腊的总爷和他的小分队

避免牲畜误入其中，因此必须沿着小山丘的山脚行进，这让我们耗费了很长时间，连续行进也让牲畜筋疲力尽。

8月26日，我们只继续前进了两个小时。四下里看不到一个人，没有动物，在无数的沟壑和水沟中甚至看不到小狐狸和羚羊。小溪变成了一条宽约12米的小河，山谷也变得越来越宽阔。我们的营地设在嫩多巴（Niendorba）平原，这里看起来也没有任何人生活过的痕迹。营地不远处隐约有一条路通向西方，并经过一处平缓的山口。顺着这条路，5天之后就能到达阿坝麦桑，那里有很多房子和肥沃的、黄土基质的田地，以及阿坝麦桑所属的12个游牧部族。

我在这里要提一下1902年对阿坝惩罚性的远征。这是我的同伴在日常对话中告诉我的，他们都是见证人。这场"战事"的起因也可以说司空见惯。阿坝的首领、被册封的杰布洗劫了来自松潘厅的商人，商人们将此事上告到直隶厅之后，也没有得到那些被劫掠的财物。松潘衙门在得到朝廷允准之后，招募了一支队伍，并派遣了3名与少校同级别的军官带领800名士兵向草地进发。这支队伍的武器好像十分先进，包括新式毛瑟枪和哈奇开斯步枪。不过，士兵们都不熟悉这些枪的使用方法。人们认为对这支队伍进行相关的严格训练是没有必要的，更欠妥当的是，军官们认为这些临时拼凑起来的士兵之前至少使用过枪，即对着一些目标开过火。一些漳腊人偷偷地用新枪对着石头射击，为此他们得到了在屁股和大腿上被抽打50次的惩罚。人们重新开始虚张声势。尽管路况极差，军官依然坐在他们下属抬的轿子中出发了。一切都很顺利，直到在距离阿坝50里的地方设立了一个稳固的营地。

军官们是这样想的，在此扎营然后和阿坝谈判，如果阿坝首领没有出现，那么就派500名士兵去请他过来。阿坝人对此只能等待。据说他们召集了一支1700到2000人的队伍。他们的骑兵穿着锁子甲，里面是厚厚的塞满丝制品的上衣，针对一般火枪子弹的射击，这种穿着可以提供比较好的防护效果。前往迎战阿坝首领的官府骑兵被告知，他们新步枪的射程有10到20里，在敌人出现在3里远的时候，可以开火射击，但因为没有人对新枪的瞄准镜以及相关操作做过任何说明，所以这些士兵没有对任何一个敌人造成伤害。他们每人携带30发子弹，很快就打光了，当他们拿着没有子弹的步枪时，那些穿着铠甲的骑兵们急速地冲了过来，造成很大一部分官兵伤亡，包括1名军官被俘，1名上尉和21名士兵被杀。官兵溃不成军地败退，阿坝人并没有进行追击。4天以后，俘虏也被放了回去。在接下来的1903年，1500名官兵被召集起来。这次出兵的行进路线是经过毛儿盖，不再是取道尕里拉。在距离毛儿盖寺不远的地方，我还看到过军事营地的遗址。毛儿盖寺的倾则应这支部队主要官员的请求进行调停，在几个月之后达成了协议。阿坝首领为每名阵亡的官兵支付200两银子，为阵亡的军官支付300两银子。那些被他们劫走的茶叶不再进行追究，因为这些茶叶已经被喝光了。当时阿坝麦桑和阿坝曾达（Ngaba Tsenda）相互敌对，他们不得不考虑到后者可能会给他们背后捅刀子，因为他们私吞了官兵的钱，让对方十分眼馋。

与热曲沼泽的抗争令我们筋疲力尽。雨一直在下，有时相机拍出来的相片几乎是模糊的。每一条小侧谷都是烂泥地。两名探路者本来是为后面的骑手和驮畜探索行进路线的，现在却依旧陷在泥坑里。在很长一段路上，马匹和骑手们经常每走一步就会陷到齐膝深的泥潭中。但是总爷依然在不停歇地行进。我还从没见过这么焦急而又紧张的人，他每天都嫌我们走得太少了，每次茶歇的时候他都会把自己的步枪递给我，并询问我他的枪是否一切正常——当然，这一点也不奇怪，尽管他和所有勇敢的官兵一样，会在上了膛的枪口上装上一枚厚厚的塞子。但因为他的骑马技术最差劲，也没有经历过潮湿天气下的户外行动，所以免不了会陷进一摊烂泥中，让泥沙灌满枪口。

在嫩多巴平原的下方，热曲河谷变得越来越窄，谷底还是泥泞的土地，我们顺着河谷朝着正北方向前进。26号，我们在行进中远远地看到了一名骑手。我方作为先锋探路的把总飞马疾驰而回，大喊着："旗，那面旗，展开那面旗！"他麾下的泽莫措就在我身旁掌管着辎重，他迅速从毛皮大衣的褶皱中拽出一张面积有几平方米大的红色三角旗，并把它挂在长矛上。把总对我大喊："不怕牺牲（Bu pa sieng scheng），不要害怕，先人会保佑我们，漳腊军队的旗帜在空中飞扬！"距离稍近一些之后，把总所发现的那个好像敌人的骑手慢慢显露真容。他是一名通信兵，一名来自迭部降扎军营的穆斯林士兵，还有一些藏人同行。有关这场"战事"的最新消息和之前老者所说一致，来自四川的800名士兵和来自兰州府的2200名士兵还在那里等待，谈判正在进行中。

8月28日，在距离黄胜关边墙96千米的地方，我们见到了第一个定居在当地的人。我们到了一处牧民的营地班佑①（Bân yü）。在热曲河岸两侧，密集分布着230个黑色的帐篷，河岸两侧都有浅滩。这个营地坐落于海拔3565米的地方。河谷在这里出现了一片宽达2千米的平原，河水在这里冲刷下切，深度可达5米。蛇曲蜿蜒的河流两旁生长着大量的植物。四周都是400米高、满是荒草地的山，几乎呈东西走向，由砂岩层构成。

这条河与河谷让我的行进路线一直向西北偏北方向偏移。我走过的

① 班佑，今阿坝州若尔盖县班佑（译者注）。

这些地方都是没有被探索过的，因为在我之前只有两个倒霉的英国军官华特·琼斯（Watt-Jones）和约翰·格兰特·伯奇（John Grant Birch）[①]到过这里。我和总爷之间正经历一场艰难的斗争，他想经最短的路线前往洮州。如果真这么走，那我为什么要到这里来呢？我为何要经历所有这些最近发生的、让人讨厌的事呢？所有的迹象表明，我选择的路线向西一些就可以找到黄河。但当我每一次向西行进的时候，就会发现眼前是一望无际、根本无法通行的沼泽地。

8月29日中午，我们在班佑冬屋地（Bân yü rGensa），也就是班佑牧民的冬屋里煮了茶。热曲河谷在那里有几千米宽，也没有树木生长。这处宽阔的河段是由石灰岩和砂岩碎块构成的基底，显得光秃秃的。距离热曲蜿蜒曲折的河道不远处，居民们用冷杉属的树木和金钟柏建造了房屋，他们每年的11月中旬到次年5月都居住在这里。这些房屋相互之间修筑得都十分紧凑，只有两条带有大门的通道通行，中间的牲畜圈也是靠这两条道路与外界相连。这里的房屋都比较低矮，以致我经常没法站直。房屋的墙用小树枝编织而成，再抹上泥土，所有用牛粪抹平缝隙的工作都是妇女们用她们柔软的手完成的。屋顶很平坦，由黏土和沙子构成，只有很少的几间屋子有小窗户。屋顶上有烟囱口，和帐篷一样，这个出烟口也兼具窗户的功能，可以给屋内增加一点光亮，而且上面有专门挡雨的盖板，以防止漏雨。房屋内部甚至还规划了供雌性山羊羔和牛犊生活的空间，但所有这些地方都很狭窄，有股霉臭味，长满了蘑菇和各种菌类。这算是人们所能想象到的条件最恶劣的居所了。

目前整个村落空无一人，在夏季的几个月里这里无人留守，我们在一座屋子的内院煮了午茶。尽管雨下得很大，但没有人想在屋里栖身。

---

① 1900年5月，琼斯和格兰特（Captain Watt-Jones und John Grant Birch）上尉在25名官兵和5名仆人的陪同下，从松潘厅租用牦牛，耗时18天，从松潘前往洮州。因为这次旅行中记载不幸事件和对旅行者的谋杀事件的日记丢了，所以我们也可以从格兰特的《在中国北部和中部的旅行》（*Travels in North and Central China*, London, 1902）一书中对此有所了解，但有关旅行的线路提到的比较少。

屋子里几乎找不到一点干燥的地方，几个漳腊人从墙上拽下他们所见到的干燥木头，以此方式在好几个屋子里搞了破坏。他们说："这里无人看守，我为什么不拿走一些木头呢？"我以警告作为回应。当我们继续行进的时候，他们拽着两公担的木头准备带到下一个营地。"如果继续往地势低的地方行进，在潮湿的天气里我们将找不到用来烧火的木头和牛粪。"

在班佑人的冬屋地（海拔3540米）以东4千米的地方，有一处地势平坦的山口，我估计这里最多比冬屋地的海拔高80至100米，从这里不经意间向远处眺望，可以看到黑压压一片高大的云杉林。经过这个山口就是班佑绒（Bân yü rung），其是班佑部族中从事农耕的一部分人，班佑部族居住在距此15千米的一座山谷中，这座山谷越靠近内地的边界，看起来就越趋于平缓，最后消失。这天傍晚，我们在打更沟（Dah'rgenggo）草原过夜，在那里向东越过一处低矮的山鞍，人们可以看到一些冷杉树的树梢。经过此处就是阿西绒（Aschi rung），他们是上阿西部族中从事农耕的一部分人。最近的几处房屋就在距热曲50里的地方。根据向导的说法，这个山谷延伸到阶州附近为止，也就是说属于长江水系。像尕里拉一样，在班佑地区也有相似的特征明显的谷底横阶，这些谷底横阶由青藏高原开始向东边的深谷倾斜。边缘区河流在这里会侵蚀古老的岩屑和碎石，这些岩屑和碎石是在另一个时期、另一种气候条件下沉积遗留下来的。

我们选择的藏人商队的行进路线是自松潘厅开始，向西北偏北的方向行进。8月30日，当我看到热曲的河道也有这种拐弯的时候，我决定转而向西南行进。我的总爷每走一步都要破口大骂，因为一路向北沿着笔直大道，经过西番（Hsi fan）上阿西和热尔（Sare）所在区域，就是目的地洮州。但他不敢威胁我，也不敢离开我。

我们沿着热曲向下游行进，可以看到山丘变得平缓，开始沉降，变成了越来越宽且满是沼泽的砂质平原。所有的河道在这片平原上就像蛇一样来回摆动。在行进途中，我们看到从南面流过来的黑河〔墨曲（Me tschü）〕蜿蜒流淌，比起热曲水量更大，河道也更宽，热曲汇入了这条河中。靠近两河交汇处有一座格鲁派寺庙达扎寺①（Da ts'a gomba），有僧侣40人。南边居住着多玛（Doma）藏人，有近300多户，是达扎寺的供养人。这里的居民看起来更多地使用水葬。这一天，我多次看到河岸边飘扬的玛尼旗，在那里，有不少赤裸的、绑起来的尸体被沉入河中。

我们和沼泽之间的抗争情形每况愈下。绕路要经过一个大水洼，远远看不到路的尽头。我们只好放弃穿雨靴和裤子的想法，因为我们要开始水路两栖的生活了。我们两次试图渡过墨曲，但都无功而返。河面有100米宽。刚离开岸边一步，河水已经能没过一个人了。在迫不得已的情况下，8月31日我只好决定再次转向西北行进。我们在这一天的早上碰到了牛羊群和牧民，穿过了众多的黑色帐篷之间的一条小道。比较庆幸的是我们没有引起太多人的注意。人们都在忙着搬家，正在做自己的事情。没有狗对我们吠叫，所有的家居用品摆得到处都是。我费了一番力气才搞清楚，我们到了嫩哇（Läwa）部族的营地。这座新的营帐组成的集镇正在建设中，每分每秒都有新的马群、驮着箱子和大包的牦牛以及一群群浑身湿漉漉的羊绕过最近的山，朝这里走来。

我们在所选的道路上刚好与这些搬家的牧民擦肩而过，他们大概有1500人，是一个强大的部落。光脚的妇女和男人们蜷伏在没有马鞍的马上，用粗犷的声音不断地驱赶着牲畜前进。男人和女人们身上包裹着一大件羊皮衣，他们在劳作的时候会把羊皮衣提到腰间以便工作。两条配有珊瑚石、绿松石，用银子和贝壳纽扣缝制的宽带子遮住了这些健硕的妇女赤裸的胸部，就像胸甲的搭扣带一样从肩膀向下，在身体正前方与一处较重的黄铜块交汇，这块黄铜块则固定在腰带上。两条同样的带子在妇女们身体的正后方以同样的方式分布，带子还与很多小辫子绑在一起。

在一处低矮的山坡后面，我们要走的路会穿过一片宽度达到4.5千米的沼泽，这片沼泽是从道路西侧广阔的墨曲沼泽衍生出来的。深

---

① 达扎寺，位于今若尔盖县城（译者注）。

不见底的水坑和漂浮着水生植物的区域构成了一道让人烦心的屏障。吠叫的狗会逃到小岛上，在寒风中瑟瑟发抖的羊会出于恐惧而逃到沙丘残余上。我们这支队伍要从搬家队伍所造成的混乱中穿过，就必须走他们的"路"。我想到了来自巴绒（Barun）的觉巴坚赞（Dyoba Dyentsen），他曾当面对我哭诉，牧民必须一直不停地搬家，这是一种十分糟糕的生活。牧民的迁徙只是权宜之计。沼泽的深度在0.6～0.7米，我们身上很快就没有一处干的地方了。牲畜多次陷入泥潭中挣扎不停，一头驮着一部分底片的牲畜很不幸地摔倒了，20份套在一起的曝光底片因此损坏。

我们发现沼泽海另一侧一处低矮的山丘上有30多顶帐篷，应该是以前的营地。两个松潘的商人是我同伴的朋友，他们正在和首领大声争吵。他们想要携带贵重的茶叶穿过沼泽，而首领希望他们停止这种冒险的货运行为。我们在距离帐篷不远的地方停了下来，以便把我们的东西弄干。

9月1日，我们绕行到一条似乎永无止境的路上。这样，我们可以避开深不见底的沼泽，去往按直线距离来讲并不远的热翁寺（Rao gomba），这座寺庙位于一座有拉则装饰的小山丘的南坡上，一些嫩哇僧侣居住在那里，把寺庙当作集会和宗教场所使用。很多10到14岁之间的见习僧侣绕着房屋和帐篷转悠，这些帐篷和房屋中住着一些僧侣，此外还有一些老人和病人。寺庙的南边是冬屋地，那里是嫩哇牧民冬天的住所，这个部族的冬屋在夏天的时候看着并不像房屋。所有用于建造房顶和墙壁的木材都要在春天埋到土里，以防被外来者当成燃料烧掉。因为这里缺乏木材资源，这里用于建房的木材比较贵，要花三天时间从较远的地方运过来，此外，还有邻近的族群要在这里买木头。①

---

① 在齐恰玛部族所在的地区我曾经也见到过冬屋地，那里所有的木材在夏季也会被埋起来。房屋都有着0.5～1米高的石基，看起来像一座建成于希腊罗马时代、已经被毁掉的城市。费通起（Wilhelm Filchner）错误地将之理解为一座要塞，这只是冬屋地。他在《玛曲的秘密》（Rätsel des Ma tschü）一书第390页所绘的形制图，也混淆了一些东西。有规律的形制从未出现过。

热翁寺的名气略逊于那些被认为是圣地的寺庙，但因为其位于墨曲的渡口而变得重要起来。在距僧侣们所住房屋的不远处，停泊着一艘建造得很漂亮的渡船，它是中国北方常见的样式，此外还有黄河上的船夫。9月2日，在把所有非必要的物件、所有的箱子都寄存在一位僧侣家里之后，我们登上了渡船。在一位特别年迈，看起来像个木乃伊的嫩哇老者的引导下，总爷、一名漳腊的向导、巴尔甲、泽莫措和我一起向南行进。渡船牵引着我的马匹过河，所有的马匹都必须游过去。河水几乎停止了流动。到达对岸，我们迅速给马匹装上马鞍。没有费太多工夫，也没有绕路，在向导的带领下我们穿过了一片2千米宽的沼泽，这片沼泽北边是格都（Gedu）牧民所在区域，南边是辖曼（Chamä）。我们向南径直穿过一座山丘，走了7千米，西边不远处就是辖曼人的寺庙。大

在热翁寺与我一起就餐的伙伴（泽莫措、巴尔甲、王总爷、嫩哇的向导、两位漳腊的向导）

135

黄是这里唯一比较高的植物，高达3米，正在开花。这些大黄看起来和唐古特大黄有些相似。这四周大黄的根茎很少被挖出来，因为在没有阳光照晒的情况下，把这些根茎弄干是很困难的。一些长着高草的沙丘紧靠着深不可测的沼泽。当卷着沙尘的旋风一次又一次在结冰的地面上吹过的时候，这些沙丘就是这个地区冬日气候的见证者。下午，老者带领我们穿过了包座河（Botsong tschü）——一片有着3千米宽，特别长的沼泽海，这样的长度是我从来没有见到过的。如此大面积的沼泽海中，在芦苇、莎草和游动的水生植物之间是完全可以自由流动的水。气温是9.5度，但是由于宽阔的水面接受了很强的日照，水温达到了14.5度。听从向导的建议真是太好了，他让我们把所有重要的东西、仪器、打火机和其他一些物件绑在裤子里面，然后把裤子缠在头上，这样一来，除了绑在头上的裤子之外，我们赤裸着，仿佛刚被上帝创造的人类。过河蹚水的时候我们要拉着马匹，而在水比较深的地方我们要拽着马匹的尾巴通过。晚上，虽然我们被冻得牙齿打战，但还是很满意辖曼嘎嘉的帐篷，我们就在帐篷附近睡的觉。在这里，这些黑色帐篷一般是12顶组成一个大圈，大量的羊和数量少一些的牦牛组成的牲畜群都被赶到这个圈内过夜。

辖曼的帐篷和牧群围成了一个圈

第十章
黄河之谜

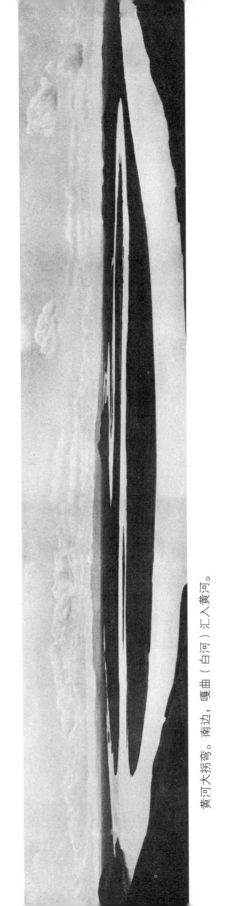

黄河大拐弯。南边，嘎曲（白河）汇入黄河。

夜间气温下降到3度，向南继续走20多千米（直线测量），我们在第二天早晨就可以到达索格藏寺[①]（So tsong gomba），那是一座唐克（Tangsker）藏人的寺院。咆哮的黄河就位于零散分布的寺院房屋的边上。

这是我们第一次遇到阳光普照、让人舒爽的天气。早晨很长一段时间还有雾气笼罩在山丘之上。当我们转过最后一个拐角，那充满神秘感的河流就直接呈现在我们眼前。看到震撼人心的黄河全景，我无比兴奋和激动，以至于全身都颤抖了起来。为了亲眼看到这雄壮美丽的景象，我付出了太多的努力，我现在只想完完全全地享受这眼前的美景，让它和我融为一体。

在这个巨大的拐弯处，流淌着混浊的、已经变成黄灰色的"黄河"水，这是因为有大量来自一条遥远山脉的沉积物混入水中，从我们所在的位置向西南（根据指南针偏转250度），很突兀地出现了一条河面较宽的支流，从东南偏南的方向带着清水汇入黄河，然后蜿蜒曲折的黄河便拐弯向西北方向流去。

索格藏寺就位于这个转弯的顶点处，连接着黄河渡口和白河［嘎曲（Ga tschü）］渡口。河水处的海拔是3430米，这个拐点十分重要，因为这附近没有更高的山，之前我也没发现哪个地方可以提供这么广阔

―――――――――――

① 索格藏寺，今若尔盖县唐克镇索格藏寺（译者注）。

的视野来观赏黄河"玛曲"。站在这条4470千米①长的河流边，这是我最值得纪念的时刻，几年来我亲眼看到的河段长达2300千米，其中大部分都被我画在了纸上。这个河湾的外面、靠东边的位置，河水流过一片阶地，这片阶地之上就是海拔3448米的寺院，我从那里拍摄了黄河的照片。在阶地后面是并不太高、长着草的山丘。这里黄河所在的平原看起来平均有5千米宽，在转弯的顶点和河流交汇处有10千米宽。黄河的平均宽度在360米，平均深度达到4米，河水在表层的速度是1.3米/秒。一开始向南和西南偏西的方向眺望，可以辨别出一些顶部有积雪的山峰，高度在4000~4200米，远远超过了一般山的高度。这个草原在我造访的时候还没有人居住。

冬天，唐克人会来到玛曲和嘎曲交汇处以南的地方生活。我可以辨别出距岸边不远处的隐藏在土里的冬屋地的痕迹。从索格藏寺到齐恰玛（有600~700户）的交界处骑马要走一整天（50千米），去阿坝地区需要骑马走3天，骑牦牛走6到8天。1904年，在我们匆匆撤退的途中，曾经过距这个黄河河道转弯处不太远的地方，但没预料到这里存在着黄河河道和这个真正的拐点。②

在玛曲左岸，也就是转弯的内侧，是乔科（Tschiaoko）部族生活的土地，沿河向上游几天的路程就能到达那里。我用肉眼可以看到那里砾质的河滩上突起的两座低矮山丘之间排列着一顶顶乔科人的帐篷。令人惊讶的是，这个方向上山的高度增长得十分缓慢，在80~90千米

---

① 黄河长5464千米（译者注）。

② 在费通起绘制的有关我们1904年在青藏旅行、比例尺为1：75000的路线图中（1913年在柏林出版），他根据多隆（Heneid'Ollone）的草图和我的报告绘制了黄河大拐弯的图样，但我认为，大拐弯的上游河段在图中向北推移得太多了。关于北纬33°52′36″这个点，我的同乡富特勒〔Futterer，《穿越亚洲》（*Durch Asien*），第一卷，第383页〕进行过测算，而费通起的地图中完全忽视，或者说在路线图上顺手将黄河上游河道向北推移了25′。我更加倾向于这种观点，不知道哪里出现了一个疏忽，让费通起绘制路线图时，将黄河上游河段画在了错误的方向上。对比富特勒所测算的点，费通起的黄河上游河道至少向北多画了40千米。

远的天际线附近，我才看见了几座雪山。乔科以西是欧拉拉德（Ngula Tharde，Iha rde）人生活的地方，那里据说有2万人（不过我想应该只有1万人），他们受拉卜楞寺大喇嘛的管辖。地方喇嘛长官每三年由上级寺庙重新任命。这个部族所居住的区域向西已经靠近果洛①阿什羌（ngGolokh-Ardschün），后者有2600户，在我旅行期间，由一位女性杰布，也就是女首领管辖。沿着黄河继续向上游的方向就是果洛仁钦乡（ngGolokh-Rentsin-hsiâng），有600户。从1905年开始，这个部族分布在黄河左岸的人比在右岸的人更多。继续向上游方向，是果洛上昂欠〔果洛昂欠多巴（ngGolokh-Hantsien Doba）〕，有2000户。南边是与果洛上昂欠敌对多年的瓦须色达（Rachü Serscht'a），有1500～1800户。他们所居住的地方在霍尔甘孜北边，骑马要走8天。瓦须色达西边是扎曲卡②（Sächüka）〔（扎曲卡瓦（Ds tschü ka wa）〕的土地，由德格杰布管辖。和柯玛，又称和尔曲（Hortschiu，600户），位于扎曲卡的北边，上昂欠的西边；大武麦仓（500户）是阿尼玛卿山下的牧民，此外，拥有3000户的康干位于霍尔章谷③（Hor Tschanggu）以北。阿坝以西由三兄弟分别管理：姚恰达（Yauschdäh，800户）位于康干以西，然后是麻书（40户）和孔萨（500户），从索格藏寺沿着黄河向上游的方向走5天就可以到达。以上这些就是果洛三部的主要部族。

我们在8月的最后几天沿途路过的部族如下：班佑〔汉语。藏语：拉则多（Latsinto）〕，250～300户；阿西，400～500户；多玛，200户；拉瓦，300户；格尔登，200户；辖曼，80户；唐克，300户；此外，乔科、热当（Radang）、热尔，100户，我听说他们的部族与嫩

---

① 果洛（ngGolokh），汉人称为果郭罗克（Go lo k'o），这个名字起源于果洛巴（ngo logpa）。阿什羌杰布（Ardschün rgyalbo）于1750年第一次受到清政府的册封。那时人们希望册封之后果洛人可以停止他们的劫掠行为，但这都是徒劳。阿什羌杰布的家族很长一段时间被看作果洛地区的统治者。直到最近一段时间，果洛的各个部落开始出现分裂，彼此互不统属。

② 扎曲卡，今甘孜州石渠（译者注）。

③ 霍尔章谷，今甘孜州炉霍（译者注）。

哇（100户）、莫汝（Muru，100户）一样，是由十二本或者东部藏语称为基尼本①联合起来的。这十二部的头领"本"（Bun）每人每年都能从松潘厅领到20两银子，还能得到一个类似纽扣的勋章，前提条件是他们不抢劫松潘商人。事实上，他们处在一个拉卜楞寺的蒙古领主，也就是黄河南亲王（Hoang ho nan tschün wang）的管辖下，藏人称之为索霍阿绒旺（Soch'o aruwang）或者阿热绒（arerong）。除了拉卜楞寺之外，这个地区最重要的寺庙是阿汝拉加寺（Aru Rardya，Rardscha gomba，据说有800名僧侣）和唐克寺（150名僧侣）以及色拉寺②（Selaogomba，100名僧侣），当然这些寺庙都属于格鲁派，因为我们重新回到了青海湖蒙古人的土地，后者就像我展示的那样，引导改革后的格鲁派取得了胜利，并在今天占据了统治地位。

9月3日的中午和下午的天气都很好。草原上没有一丝风，感觉很惬意。只有几朵积云从西边飘来，缓慢地来回摆动着。在东西向的表层气流之下，可以感受到季风从遥远的低地带来了很少的云。像往常一样，下午3点温度最高，是13.2度。这个时间点黄河的水温是10.6度。我的同伴赤裸着上身坐在瓦卡旁边，享受着温暖的阳光。接近傍晚时分，我们和寺庙的人有了更多的接触。我和寺庙的负责人确巴（T'sche ba）交换了哈达和礼物。人们告诉他来了一位地位很高的汉官，所以他很匆忙地赶过来送奶渣［曲拉（Tschürra）］，当然我们没法骗他，他一下子就看到了我，也没有对我很热情。

索格藏寺有150名格鲁派僧人，然而也存在个别不坚定的萨迦（Saskya）信仰者，他们的信仰和祈祷仪式与格鲁派只有些许的不同。这里有两位活佛，年纪较大的有50岁，当我们把酥油、作为礼物的茶叶和一些钱送给他的时候，他的嘴角露出友善的微笑。他在祈祷时颇为用心，为此得到了很多称赞。他的生活只有两件事，祈祷中的背诵和朗读。他让此次执行外出护送任务的总爷安静了下来，还给我们每个人一

---

① 基尼本，意为十二部落首领（译者注）。

② 色拉寺，位于今若尔盖县阿西村（译者注）。

条彩色的丝带，这条丝带上有他祈祷诵读时神圣且蕴含着力量的气息，我的同伴们第一时间就把丝带围在了脖子上，希望以此来避免疾病的侵袭。他们戴上彩色丝带后伸着双手跪下，就像古代壁画中的人在祈求时的形象一样。

像所有十二部地区的寺庙一样，索格藏寺也没有围墙，然而这样给人一种寺庙不安全的印象。北部的寺庙几乎很少有围墙，僧侣们对此有很多抱怨，他们没有办法养马，因为一旦养马会经常被偷。索格藏寺坐落在一片光秃秃、空荡荡的草地中间。只有在房屋旁边，或是在僧侣们的养护下，才会有几棵树可以生长很多年，从而变得很高。

白天强烈的日照之后，夜晚热量迅速散失，气温下降到零下0.5摄氏度。因为我们没有帐篷，所以很早就开始煮茶，这能让我们暖和一些。在拂晓之前，和总爷之间永无止境的争论又开始了，他怒气冲冲地大喊："你花了一整天的时间看黄河湾。现在，你必须赶紧前往洮州。"我高兴的是可以沿着黄河岸边向下游、在供牦牛行进的大道上行走。马塘的商人们经常会选择这条路，由此把他们的茶叶运到玛哈嘎纳（Mah'ah'kana）和巴纳（Banag）。从索格藏寺到二道黄河（ōr tao Hoang ho）需要3天时间，那里是玛曲（黄河）与所谓的黑河（墨曲）交汇的地方，所以汉人如此称呼。据说交汇处墨曲的水量非常大，河面宽阔，以至于人们无法分辨哪条河是主流，哪条是支流。[①]与此类似的还有索格藏寺附近的嘎曲河汇入黄河处，从远处眺望，没办法轻易地分辨出哪条河是主流。只有嘎曲（藏语意为"白色的河流"）河名副其实，河水是白色、透亮、清澈的，流动十分缓慢，而玛曲已经变得混浊，较快的流速让河里很多混浊物呈悬浮状。在交汇处的下游，往水里放一个白色的圆盘，在水下15厘米的位置就看不清圆盘的模样了。

为了不走同一条路去热翁寺，我尽力抗拒。可是在总爷的催促下，随行的嫩哇人解释现在无法渡过包座河。我处在猜疑之中，想要多给他一些向导费用的时候，他依然保持这种说法。因此，总爷赢了。晚上，

---

① 实际上墨曲的水量只占黄河的很小一部分。

我们再次和我的朋友们汇集在热翁寺。

藏人旅行的时候，马儿会连续几小时保持加速快走的步态，马匹一分钟平均要走160～180步，那些没有人骑着、背上驮着40～50磅货物的牲畜就会落在后面。马儿虽然走得快，但也不是自由的，因为在布满石头和洞穴的地面上自由快步行进对于牲畜的蹄子来说是比较危险的，也会加速疲劳。走在路上，时间都用来祈祷了。也正是在这条回程的道路上，我合上了装满地图的文件夹，和大部队一起走着。所有人都在祈祷，摩挲着他们的念珠，我仿佛是被勤劳的蜜蜂簇拥在中间一般。泽莫措嘴里叽叽咕咕地念诵着本教的祈祷文："阿雅、阿麦、吽、阿噶尔、萨列、沃嘀嘟"，他念得如此之快，以至于我只能听到"阿央嗡莫吽阿嘎萨勒韦……"（aya omo hung ag-a-saléwe…）从我耳边掠过。巴尔甲和我们的少尉一样，满足于宁玛派和格鲁派的祈祷词"唵、嘛、呢、叭、咪、吽"和其他一些长句子"喇嘛啦嘉森切……"[①]（Lama lhasdia sum tschiu…）在煮茶的时候，来自嫩哇的向导开始向阿尼玛卿山、雪宝顶和其他一些也扮演着像佛一样重要角色的圣山祈祷。

黄河大拐弯附近区域的野生动物少得令人有些惊讶。偶尔一两次我看到远处的山坡上有一只身材小巧的羚羊。整个旅程中我从未发现任何蒙古野驴的踪迹，仿佛这类动物在黄河右岸早已灭绝。至于熊类，这里还有亚洲黑熊。兔子、旱獭、森林野鸡和雉鸡经常会飞奔着从大路上穿行而过。在整个夏季和潮湿多雨的季节，黄河和其支流所在的河谷布满了大大小小的水坑。地下水水位升高，远远

草原熊

---

① 喇嘛啦嘉森切，意为向上师顶礼（译者注）。

望去，地势高的地方就像一座座孤岛一般点缀在一望无际的沼泽之中。每一处单独的岛屿群都有牧民和他们的牲畜，这让大型野生动物的活动空间极为有限。我们可以看到黄河的上游这一段水流平静、水面宽阔，而在拉嘉寺、塔拉（Tala）、霍卡（Hoka）和卡巴塔楞（Kabatalen）附近黄河河道变窄，水流下切。黄河是地球上改道最多、最为奇特的大河之一。从它的位置和特点来看，却又像是最年轻的河流之一。每一位我的读者都知道，在1852年，黄河的入海口从山东省（Schan tung）南部向北，在直隶（Tschi li）湾改道入海，在历史的长河中，黄河多次在中国低地地区出现改道的情况，多次找到新的河床，引起人们的惊惧和恐慌。在山西省（Schan si）和陕西省（Schen si）之间存在着形成于晚上新世的、水平的红色黏土层，看起来比今天的河床还要高，这说明黄河在晚上新世之后的地质时期并未流经那里，黄河在鄂尔多斯拐弯处的河道在晚上新世的时候才出现在人们眼前。黄河在进入贵德—循化厅（Kue de—Hsün hoa ting）后，和西宁附近河流交汇，这部分河段是很年轻的，波涛汹涌，有摧枯拉朽之势。黄河河床在那里也比较狭窄，所以只需要投入很小的精力整治河道。黄河最上游河段，从河源到拐弯这一段和在青藏高原的拐弯处河段的形态有这样的表象，好像在青藏高原受冰川作用影响的扩张时期，或者在冰碛碎屑大量堆积时期和砾石形成时期，黄河水流并不是向北，而是向南往四川的方向流淌。玛曲黄河最上游的河段，也就是从源头到现在藏地的这一段，应该就是长江的一部分。在砾石、黏土大量堆砌和沉积时期之前，地表这一部分的水流是如何向河谷流淌的？古黄河的水只能倾泻到青海湖地区，然后相当直接地流入渭河地堑，流入在此前早就形成的西安府（Hsi ngan fu）所在区域。今天玛曲黄河的上游，从河源到青藏高原的拐弯处这一段当时是长江的一段支流。青藏高原东缘大量砾石的累积产生的力量如此之大，以致这个论断是在很谨慎的情况下才提出来的，我们对于这个区域的认识，足够我们对今天已经存在的地理条件作出一个较为简单、有限的概括。

第十章 黄河之谜

▼

145

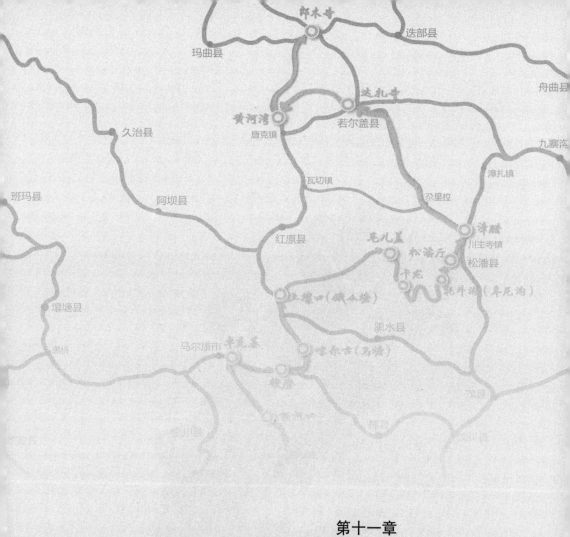

郎木寺

玛曲县

迭部县

舟曲县

达扎寺

黄河湾
唐克镇

若尔盖县

九寨沟

久治县

班玛县

阿坝县

瓦切镇

朵里拉

漳扎镇

红原县

毛儿盖

松潘厅

漳腊
川主寺镇

松潘县

龙

壤塘县

龙日坝（瓦窑堡）

黑水县

黄斗湖（牟尼沟）

柴桥

马尔康市

卓克基

刷尔古（马塘）

茂县

梭磨

金川县

理县

汶川县

第十一章
前往郎木寺

手执铃铛和金刚的铜造像

为了照顾牲畜，我又在热翁寺待了一整天。由于之前走了大量沼泽地和坑洼地，有五匹马的腿还是瘸的，所有的驮畜都亟需休息。当我下令卸下牲畜的鞍子，将它们赶向草地的时候，王总爷像小孩一样生气地在地上跺脚反对。老天保佑，虽然他激烈反对，但我没有改变给牲畜卸鞍这个想法，如若不然，肯定会让更多马变成瘸子。第二天我们庆幸自己遵从了老天的旨意。

从热翁寺到洮州的路需要先向北走一整天到郎木寺（Lhamo se），从那里开始再向东北方向走3天。首先，人们要穿过一片15千米宽的沼泽密布的谷地，也就是墨曲低地，墨曲蜿蜒流转的河道在流经低地之后转向西方流淌。接下来，顺着黑河的支流当曲（nDam tschü）溯源而上，到达多若（rDo ro）渡口①。那里河宽18米，水深1.3米，渡口就如同它的名字，有很多石头，过了渡口之后，就可以到达尼玛隆（Nima long）或尼玛绒（Nima rung）草原。那个地区属于十二本热当管辖，有不到200户。那里是一片非常肥美的草场，只是在泥泞的平地处隆起了几处山丘。在我们后方的敖包科比（Obo-kopje）就像是一个地标，在它的南面矗立着热翁寺的僧人们破旧的黏土小屋。尼玛隆草原北边以一条石灰岩褶皱为界，这条褶皱穿过大量陡峭的白色岩石，显得特别突出，在北纬50度这个走向上延伸长达数百千米，可以清晰地辨认出来，

---

① 多若渡口，在今若尔盖县红星与嫩哇交界处（译者注）。

一直到漳腊以北的地平线为止。一整列有些不寻常的山让当地人有了丰富的想象，传说诞生了，那里成了神的王座。在热当地区，映入眼帘的是阿尼拉岗［Ani lhakang。口语：额哈古（el hagu）］。它位于热当和热尔的交界，据推测有4500米高。在它的北边是名声不好的迭部降扎和卓尼土司的世袭领地。

当一位先生、一名僧人和一个仆人，共三人骑在看起来很漂亮的马上逐渐向我们靠近的时候，我们刚好渡过了多若渡口，正在忙着穿裤子和靴子。那名仆人手中还拽着一匹副马的缰绳，副马的马背上驮着几张毯子，以及茶壶、煮锅和装着面粉的口袋。那位先生戴着一顶漂亮的、用猞猁皮做成的皮帽，帽檐并未盖住耳朵，穿着一件宽袖长外套，上面有白色的小十字云南豹皮的镶边，约20厘米宽。他的左耳垂上还戴着一个沉重的金耳环，这个耳环特别长，以至在外耳还要挂上一条小皮带起辅助牵拉的作用。当那位先生沉默着板着脸从我们身旁经过的时候，泽莫措认出了他，还打了招呼。这是来自辖曼的官人，他从迭部降扎的军营而来。所有十二本的男人都由松潘的军官集结，作为援军去终结这场战事。两天前迭部降扎认输了，所以现在他们正在返程途中。热当的人在迭部事件结束之后向兰州县台（Lan tschouer Hsie tai）索要400两银子。因为兰州县台并没有让他的士兵去树林中砍伐树木，而是允许他的士兵从热当冬屋的房顶、墙壁等处抽取木材烧火，破坏了很多冬屋。对于热当索要赔款一事，县台只是报以微笑，在这种情况下，部族中280名士兵于昨日出动，用飞石、鞭子和火枪攻击了3000名甘肃和四川的士兵，并从骑兵那里抢走了马匹。作为战利品的89匹马已经被带到了他们位于尼玛隆草原莫措湖（Mou ts'o）以东的营地。当然，我们对如此详细的情况暂时是有些怀疑的。在骑马过河的时候，官人只对泽莫措说："你疯了吗？这么点人怎么可能穿过热当？或者说，你不知道这里开战了吗？听不到枪声吗？官兵想要讨回他们的马。如果你们碰巧让热当人给逮到，那你们就会变成他们最想要的俘虏。如果他们有死伤，那么你们就会遭到他们的报复。"在当曲的对岸，他又对我们说："右边就是热当。"

总爷一个字也没有解释，直接把他帅气的、红天鹅绒制成的军服从身上拽了下来，塞进了我装衣服的口袋里面。更惨的是，我们又大又红的军旗被人以最快的速度从长矛尖上扯下来，布料都被扯成了碎片，泽莫措灵巧地弯下腰把军旗塞进了在路上看到的一个兔洞里。下士马泽常（Ma sche tschang）将他漂亮的、带着燕尾的红制服揉成一团塞进随身携带的大雨伞的木制骨架里，他还咒骂着他的上司除了这柄雨伞之外，没有给他别的东西来遮风挡雨。随着时间的推移，这场发生在尼玛隆草原边缘，也就是石灰岩山脚下的冲突耗费了大量的火药，有太多的呐喊和吼叫。官兵还在夜里的时候就从他们的营地出发，沿着格古（Geku）山谷行进，在我们看到他们的时候，也就是现在，他们正在翻越石灰岩山一处长满了草的隘口，从那里开始，他们可以俯视尼玛隆草原和当曲与黑河流经的平原。透过眼镜，我可以清晰地看到官兵红色的外套，看到他们中的一些人犹犹豫豫地走下一处倾斜度不大的山坡，少数勇敢的人从更靠右的地方，沿着一处已经干涸的水洼地平坦的底部前进，与之相对的热当人靠着锐利的目光兼顾到了每一处对自己有利的地方，甚至小到每一块石头。我们在热当的帐篷对面走了500多米，较为低矮的山丘遮掩着我们的行踪。在一处由黑色帐篷围成的大圈的中心拴着很多马匹，这些马都是刚从官兵手里抢过来的。热当人将牦牛和羊放出来吃草，好像它们整天都在这个小丘上，我们从牧群中穿行而过，只看到了充当牧人的两个白发老人和两个僧侣。

　　我们骑马经过莫措湖的东缘，湖面景色优美，呈蓝色，向西北方向延伸了3千米远。在这片水域西端的不远处，我可以看到莫汝帐篷上的炊烟。在莫措湖西北偏北方向有很多莫汝部族人的冬屋，距此不远的地方矗立着莫汝部族人的寺庙嘎莫更嘉（Gamo rgendya）。在离开了莫措湖和行进中给我们带来两次大麻烦的沼泽之后，顺着一条满是青草的山谷，就可以直达石灰岩山。在此之前，我们还要穿过松潘大道。我们在8月30日就从这条路转往打更沟草原，这条路从这里开始，避开了我之前特意寻找的热曲和墨曲所流经的大沼泽，一直沿着石灰岩山的南坡延伸。这条路接下来向西北方向延伸，从莫汝地区开始，经拉德地区到扎嘎维齐（Tschaga wechi）寺。在拉德地区之后，人们慢慢地可以到达之前提到的蒙古人所在的地区，也就是瓦色地区。[①]

我们在下午1点半来到了呈北偏西78度走向的石灰岩山的山腰，海拔3705米。从那里开始，人们可以看到通往郎木寺、路况还不错的大道。这条大道穿过两条向西的、在黄河所在方向拐弯的小山谷，又穿过另外一处海拔3635米的山鞍，这处山鞍是黄河和一条流经迭部降扎河流的分水岭。石灰岩山是一处较高的台地，旁边是沼泽地带和沼泽中的砂岩岛。

当我们靠近第一个隘口的时候，旁边的一处高地看起来变得生机勃勃。我们将马匹赶到一个山坡的后面，然后发现了一些光着身子的人。在接下来的行进过程中，他们向我们大声地呼喊，声音很粗："阿若[②]（Arro），停一停！你们是谁？从哪里来？到哪里去？"泽莫措平静地回答："我们是梭磨人，陪一位活佛去拉卜楞寺。"这是一支热当人的小分队，他们认为讲战术的敌人有可能会进行迂回，攻击他们的侧翼。因为没有官兵来到这里，所以战士们暂时把衣服脱下，开始了日光浴。在他们盘问期间，可怜的总爷一直在发抖，整个下午他都没有办法平静下来，现在他全力抽打着驮马。我们在黄昏时分才到达郎木寺所在的山谷谷底。好天气悄然而去，大半夜的时间都是雨雪交加。

9月7日，我们的营地设在距海拔3375米的郎木寺只有2千米多的地方。我们首先看到了几十座民居，这些房屋就像古代瑞士在溪流边修建的干草棚一样，在那里，我们发现宏伟的朗木寺由两座分开的寺院组成，这两座寺院分别被称作赛赤（Sä tschi）和格尔底（Gerdi）。以此为界，南部属于四川，北部属于甘肃。在寺院周围的河谷和山丘上生活的藏人组成了他们自己的族群，被称作塔哇（Tawa）。像所有的

---

① 这一地区比较重要的蒙古人聚居区如下：达萨（rDiasa）、托拉（Toro）、瓦色（Wäsc）、色尔钦（Sertsching）、卓确（Tso ch'o）、阿日（Ari）、嘎比玛（Gadspima）。

② 阿若，打招呼用语（译者注）。

玛哈嘎纳和青海湖附近的藏人一样，这一地区和十二本的人发"lh"音时，与英语"th"音或者可以说和"t"音极其相似，因此我在松潘厅的时候听到的不是郎木（Lhamo），而是塔木（Thamo）或者达木（Tamo），现在听到的不是拉巴（Lha pa），而是达巴（Ta wa），就像他们对拉萨（Lhasa）的发音是达萨（Tasa）一样。将两座寺院分开的河流就是流经迭部降扎那条河的上游部分，这条河流经阶州时被称作黑水（Hei schui），或者说黑色的水。这两座寺院都属于卓尼土司管辖，他是源于蒙古的藏人土司。卓尼位于洮河岸边，在洮州老城以东40里的地方，卓尼土司现在或者曾经拥有迭部降扎所在整个区域的统治权。这两座寺院有700名僧人（阿克Akka），当然平时居住在寺院附近的不到总人数的一半，其他人分散居住在牧民的帐篷中。位于两座寺院南边的建筑给人一种特别美观、特别干净的感觉，侧谷里黑暗的乔木林作为背景，映衬着这些建筑金黄色的房顶和柱头，还有红色的线条。白色的岩石尖角为绿色的山坡加冕，像塔楼和堡垒一样矗立在狭窄的山谷旁，寺院位于山谷中。这里充满异域风情，给人一种玄妙的感觉，仿佛有神仙和友善的小精灵"赞"（bTsan）存在。这样的景色让很多藏人成了虔诚的信徒，也让很多格鲁派信众前往这里开启朝圣之旅。友善的小精灵甚至让这里出现了一眼温泉。①

　　一条涓涓细流从西边遥远的地方流过来，经过草地之后，在郎木寺附近拐了一个弯，向北流淌了2千米远，然后拐了一个直角弯向东边

---

① 从郎木寺有一条路通往贵德，那里是松潘商人经常遇袭的地方。人们旅行时会首先向西北前进，到达平坦的河流分水岭。第一天到达桑萨（Samsa）地区，那里据说有凶恶的强盗。第二天到达拉仁郭（Laringo）或者拉绒郭辛章（Larungo hsi tsang）地区，富特勒考察队曾在那里被洗劫一空。从那里开始走三天就可以到洮河［Tao ho，或碌曲（Lō tschü）］河源和达仓（Da ts'ang）蒙古人所在的地区，然后可以在不太费力的情况下到达泽曲（Tsei tschü），那附近是有着800户霍仓（Horsun）藏人的居住地。再经过两天的行程可以到达拉宗（Ratsong）和钦化（Ts'ien hu）地区，那里居住着鲁仓（Lutsang）藏人，是贵德厅的地界。再走一天，旅行者们可以到达万秀（Wan schu）部族，之后再有两天的路程就是查楞（Ts'anern），接下来就是贵德城。

流去。距离第二个弯不太远的地方坐落着小型寺院旧康萨（Kosaniba）寺。在旧康萨后面是热当人的冬屋，在林区的边界我们见到了官兵的营地，呈圆形的石墙配有糟糕的射击孔。在石墙之内，官兵们就住在破旧的帐篷和兵房中。军官和士兵们大多投入到了与热当的"战事"中，只有来自四川的最高统帅和800名士兵没有参加上述行动。我可以清楚地感受到剩下的人很愤怒，情绪有些激动。对于我的到来，他们并没有太多的反应。两省之间出兵的比例还很不一致。针对盗马贼的攻击计划并不完全是按照战事手段来设计的，俗话说"勇敢最重要的是谨慎"，官兵们不会冒险自己作出决定，而是一直无助地等待着他们上级的命令，这些命令也充满着对下级能力的质疑。甘肃兵遇到了激烈的抵抗，他们从现在开始只想着佯攻。同时，来自松潘部队的长官想要扮演中间人的角色，因为在这新的冲突中他们保持中立。即使在之前与迭部降扎的战事中，这支来自四川的800人的队伍也想通过"商量"来结束争端。现在长官就应该开始完全正确的谈判，从上面到这里，从开阔的、没有树木生长的草原开始，而不是直接通过前往迭部山谷的道路，然后展开攻击。因为在第一次进军的时候，先头部队就有15名骑兵被伏击，他们中有些人被杀害，有些则被抓了起来，所以在夏季的几个月里只能进行一些威胁和恐吓，直到在附近居住的部族首领的斡旋下，再加上军队的存在，才最终把"事情说好了"（sche tsing schuo h'au leao）。迭部同意裁减一部分士兵，交出100柄剑、50杆叉枪和50支长矛，将那些他们从汉商手里抢走的货物以12000盎司（Unzen）银子的价格留下来。护送我的士兵们因此也期望能够在他们的同行之中领取到新的食物。他们背着我偷偷地用我储藏的东西在热翁寺做了一些交易，以致只剩下了两份定额配给的食物。现在在营地里面，由于在热当发生的事件，我们的粮食开始短缺。每个人都在想，据说战争已经结束了，现在很快就能回家了。没有人再给我们提供补给，队伍里也没人能找到办法弥补由于卖掉大米和糌粑造成的食物短缺。这仅存的一点给养也让我深受其害，迫使我决定剩下的路要用急行军的方式走完。两个小时以后，我们已经再次上马，从早到晚马不停蹄，这让我们在三天之后到达了洮州。

作者到达洮州

后　记

　　自2004年我在美国哥伦比亚大学东亚图书馆阅读到西方人于清末在中国的旅行游记以来，我开始关注100年前西方人在我的家乡——川西阿坝藏族羌族自治州境内的英文游记，并参与数本百年游记的翻译，先后翻译出版《威尔逊在阿坝》（合作）、《伊莎贝拉在阿坝》、《布鲁克在阿坝》（合作）。在这个过程中，我了解到德国人艾伯特·达菲尔及其游记。

　　艾伯特·达菲尔［台飞（Albert Tafel）］于1876年11月6日生于德国巴登-符腾堡州的斯图加特（Stuttgart），1935年4月19日在海德堡（Heidelberg）去世。达菲尔是二十世纪初著名的地理学家、医生、探险家。中学毕业后，达菲尔对地理学产生了极大的兴趣，但一开始选择了医药学，于1898—1902年学医。学医期间他前往克里特岛、阿尔巴尼亚、伊朗旅行，并参与了数次非常困难的高山旅行，特别是在德国阿尔卑斯山主峰楚格峰和瑞士伯尔尼的奥伯兰使用自制雪橇滑雪旅行。从医学院毕业后，达菲尔转向地理学和地质学，1903年，经过其师、著名地理学家李希霍芬（Ferdinand von Richthofen）的推荐，他作为随队医生加入了费通起（Wilhelm Filchner）的考察队前往中国。在费通起离开中国后，达菲尔于1905—1908年独立带队在鄂、陕、晋、内蒙古、川、甘、青等省区进行了第二次科学考察。达菲尔于1914年出版德文版游记 *Meine Tibetreise*（《我的藏地之旅》）。

　　1908年达菲尔从中国返回德国时，将他的通司（翻译）、来自大金川的巴尔甲一同带到德国，巴尔甲成为他的仆人。1909年，达菲尔与犹太姑娘亨丽埃特·穆勒（Henriette Müller）结婚。1910年、1913年，达菲尔的女儿埃莱奥诺雷（Eleonore/Elinor）和儿子艾伯特·托比亚斯（Albert Tobias/Toby）出生。正当达菲尔为计划中的1914年远东旅行做准备时，第一次世界大战爆发，达菲尔成为一名战地医生。一战结束后，达菲尔前往荷兰行医。1928年，因妻子的突然离世，达菲尔回到斯图加特。1931年，达菲尔因胃癌做手术。1933年，达菲尔康复后再次前往中国，到了天津。这一次，为了让他的孩子们免遭希特勒针对犹太人的迫害，他把两个孩子一同带到中国。但此时达菲尔肝脏出现肿瘤，1935年初，达菲尔一行又乘船回到德国。1935年4月，达菲尔在海德堡去世。

因我不懂德文，于是很希望找到达菲尔游记的英文版，但是未能如愿。无意间，我读到陕西师范大学一位名为杜轶伦的研究生的硕士论文《1905至1908年台飞考察队在青藏地区考察活动的初步研究》，这让我喜出望外，希望能与这位作者取得联系。于是，我找到这位硕士生的指导老师、陕西师范大学的史红帅教授，并通过他联系到了杜轶伦。此时，当年的硕士生已从北京师范大学历史学院世界史（德国近现代史）博士毕业，成为西北工业大学马克思主义学院的一名讲师。我们便开始通过微信、电话进行沟通，杜轶伦老师也很乐意翻译达菲尔在阿坝州的游记。

我们的合作进展顺利，杜轶伦老师利用业余时间，于2021年完成翻译，我则负责收集百年老照片和相关英文资料，并对译文进行审定，特别是对译文中的藏语安多方言、嘉绒方言进行审定，对老地名进行核实。为了核实一些不确定的老地名、寻找老照片拍摄点、厘清达菲尔旅行线路，我力争重走百年老路。2021年秋，我与好友阿根女士、塔尕、西格苍·燃秋，以及燃秋11岁的女儿旦珍让姆从壤口出发，沿着一百年前的茶马古道徒步，翻越陡峭的石灰岩山峰，跨越泥泞的沼泽和崎岖不平的乱石路，于三日后到达毛儿盖。通过实地考察，我们对当地情况有了深入的了解。

张文珺女士对德文译文进行了全文审定。我与杜轶伦老师原计划在西安或成都一起审定一遍，但因三年新冠疫情而未能实现。我们只能通过网络沟通，成为至今未曾见面的合作者。

《达菲尔在阿坝》节译了达菲尔游记中关于川西阿坝藏族羌族自

治州境内的旅行考察内容。1907年6月，达菲尔一行自鲁密章谷（今丹巴）进入今阿坝州，经过懋功（小金）、抚边，翻越梦笔山到达卓克基，经过梭磨、马塘、壤口、毛儿盖到达松潘，经过漳腊、达扎寺到达唐克，当时艾伯特·达菲尔对黄河源头及其走向情有独钟，并希望一探究竟。当最终在今若尔盖唐克亲眼见到黄河湾时，他花了一整天的时间凝视黄河，并且感慨万千。在观赏了黄河湾后，他才经郎木寺前往甘肃。该书描述的内容包括山川河流等自然景观，以及当地历史文化、民俗节庆和民居、碉楼、桥梁等特色建筑。达菲尔拍摄于1907年的照片内容丰富，弥足珍贵，其中有山川河流、峡谷风光、民居建筑、碉楼、动物、历史人物等。

本书附录中也收录了达菲尔在其他地区拍摄的较有特色的历史照片。按照一些朋友的建议，本书按照达菲尔在川西阿坝州的旅行记录增绘了其行进路线图。本书使用的百年老照片采自达菲尔所著《我的藏地之旅》。

本书在搜集相关资料、收集老照片、寻访百年茶马古道、核实老地名过程中，先后得到甲木科、尕让彭措、林修、彭措达哇、索保、阿根、夺尔生、西格苍·燃秋、塔尕、供秋加措、米玛、卡尔·施宾德勒（Karl Spindler）等专家学者的帮助，特此表示衷心的感谢。

本书的出版一如既往地得到阿坝州相关单位的支持，借此机会特别感谢阿坝州文化体育旅游局的赞助。

红音

2023年6月

上德格地区的长江谷地

从南方观察霍尔甘孜及其附近地区

---

① 本部分不仅有达菲尔在阿坝地区拍摄的照片，也有他在其他地区拍摄的较有特色的照片。

到达打箭炉的达章

一名瞻对（娘绒）人

绒坝岔（今甘孜州境内）附近的山峰和冰川

明正土司辖区八美土百户的房屋

富有藏商的妻子（四十多岁，
生于拉萨）

霍曲章更纳玛迪和他的叉枪（右侧）

神圣的拉姆则（从折多拉看）

霍尔章谷寺

道孚的民居和寺院

在八美经过瞻对房屋废墟（背景是高大的雅拉山）

来自康区的僧人

南德郭萨地区的佛塔

水力驱动的转经筒

宁玛派寺院扎拉寺护法殿入口上方的绘画

多杰羌寺正在表演神秘剧

北部折多山最后一个营地的乌拉

来自霍曲沃的贵族

青藏高原上的一顿晚餐，向南一天的路程可到达星宿海

行进中的野牦牛

结古多寺及其周围（从西面看）

扎吾藏人

在巴绒古拉喇嘛的大蒙古包前叩头的人

结古多的乞丐和杂耍艺人

驮着行李的牦牛行进在封冻的青海湖边

塔尔寺最神圣的大金瓦殿（背面）

青海人给银子称重

威远堡的集市

阿尼巴的骑手（南边是没有积雪、干燥的山峰）

我的卫队在恰拉柯托和丹噶尔厅之间二十里屯的岗哨边

数铜钱时的全体职员（一人写字，一人打算盘，三人数铜钱，一人把零散的铜钱绑成串，地上是已经绑好的一串串铜钱）

永和关（永和县）的客栈（后面是一座有拱顶的房子）

几位正在缝制帐篷的妇女坐在房顶上享受温暖的阳光（冬季西宁府我的居所的房顶上）

十二月在兰州府的小客栈用煤火取暖（中间是Pere van Dyk，右边是作者）

拉卜楞寺

兰州府（从西边看）